文成天縱

續宋本叢書

隸韻

·下·

〔宋〕劉球 撰

广西师范大学出版社
GUANGXI NORMAL UNIVERSITY PRESS
·桂林·

下册目録

隸韻 卷七

隸韻卷第七

去聲上

一送　二宋

三用　四絳

五寘　六至

七志 八未

九御 十遇

十一暮 十二霽

十三祭 十四泰

十五卦 十六怪

十七史　十八隊

十九代　二十廢

二十一震　二十二稕

二十三問

一送

送 蘇弄切 送 費鳳碑陰 送 李翊碑

涷 多貢切 涷 張納功德敘 涷 王純碑 涷 李翕坂碑

棟 棟 郭究碑 棟 譙敏碑

痛 他貢切 痛 鄭固碑 痛 魯峻碑 痛 夏承碑 痛 吳仲山碑 痛 李翊夫人碑

痛 費鳳碑 痛 斥彰長碑

洞 徒弄切 洞 帝堯碑 洞 脩孔廟後碑

慟 慟 侯成碑

梇 盧貢切 梇 益州守無名碑

控 苦貢切 控 魏大饗碑

貢 古送切 貢 郭究碑 貢 鄭固碑 貢 孔宙碑

贛

贛 石經論語

甕 烏貢切

甕 婁壽碑

夢 莫鳳切

夢 老子銘

夢 孫叔敖碑

夢 劉熊碑

賵 撫鳳切

賵 元賓碑

賵 楊震碑

諷 方鳳切

諷 丁魴碑

諷 武榮碑

鳳 馮貢切
鳳 石經論語
鳳 殽阬君碑陰
鳳 史晨祠孔廟銘
鳳 唐公房碑陰
鳳 費鳳碑陰
鳳 樊毅脩華嶽碑
鳳 馮緄碑
鳳 劉熊碑陰

衆 之仲切
衆 石經論語
衆 宗俱碑
衆 孔廟置卒史碑
衆 秦頡碑
衆 桐柏廟碑
衆 魏受禪表

仲 直衆切
仲 石經論語
仲 韓勑碑陰
仲 楊統碑陰
仲 吳仲山碑
仲 華山亭碑

仲 夏承碑 仲 孫根碑 仲 帝堯碑 仲 桐栢廟碑 仲 費汎碑 仲 樊毅脩華嶽碑

二宋

宋 蘇統切 宋 綏民尉熊君碑 宋 劉熊碑陰 宋 張納碑陰 宋 楊震碑陰 宋 繁陽楊君碑陰

綜 子宋切 綜 唐扶頌 綜 桐栢廟碑 綜 袁良碑 綜 綏民尉熊君碑

統 他綜切 統 帝堯碑 統 孫叔敖碑 統 唐扶頌 統 孔彪碑 統 孟郁脩堯廟碑

三用

用 余頌切
用 石經論語
用 楊君斜谷碑
用 何君閣道碑
用 王元賓碑

奉 房用切
奉 劉熊碑陰
奉 鄭固碑
奉 華山亭碑
奉 孟郁脩堯廟碑
奉 唐公房碑
奉 靈臺碑

頌 似用切
頌 綏民尉熊君碑
頌 劉熊碑陰
頌 唐扶頌
頌 桐栢廟碑
頌 楊君斜谷碑

誦 誦 綏民尉熊君碑 誦 丁魴碑 誦 楊君斜谷碑 誦 脩孔廟後碑 誦 樊毅脩華嶽碑

訟 訟 真道冢碑

種 朱用切 種 樊敏碑 種 孟郁脩堯廟碑

重 儲用切 重 石經論語 重 唐扶頌

供 居用切 供 帝堯碑

共 渠用切
共 石經尚書
共 唐扶頌
共 帝堯碑
共 史晨祠孔廟銘
共 逢盛碑
共 鄭固碑

四絳

絳 古巷切
絳 武榮碑
絳 觴豆碑陰
絳 燕然銘

降
降 石經尚書
降 五瑞碑
降 李翕西狹頌
降 孟郁脩堯廟碑
降 孫根碑

降 蔡湛頌 降 樊毅脩華嶽碑 降 華山亭碑 降 靈臺碑

巷 胡降切 又作衖 巷 劉寬碑 衖 魯峻碑 巷 平輿令薛君碑

五寘

忮 支義切 忮 唐扶頌

伎 伎 孔廟禮器碑

啻 施智切
啻 殽阬君碑

惴 之瑞切
惴 費鳳碑陰
惴 李翕西狹頌

瑞 樹僞切
瑞 帝堯碑
瑞 樊毅脩華嶽碑
瑞 楊統碑陰
瑞 李翕西狹頌
瑞 魏尊號奏碑

賜 斯義切
賜 石經論語
賜 詔賜功臣家字
賜 孟郁脩堯廟碑
賜 史晨祠孔廟銘
賜 太僕苟君碑

刺 七賜切
刺 孫根碑
刺 王稚子闕碑
刺 中山相薛君碑
刺 陳寔殘碑
刺 劉寬碑陰

智 知義切 智 孔彪碑陰 智 逢盛碑 智 校官碑 智 王純碑

企 去智切 企 魯峻碑 企 楊統碑

戲 香義切 戲 圉令趙君碑 戲 魏大饗碑

寄 居義切 寄 劉熊碑陰

騎 奇寄切 騎 楊統碑 騎 魯峻碑 騎 羊竇道碑 騎 史晨饗孔廟碑

義 宜寄切亦作誼
義 石經論語
義 老子銘
義 殽阬君碑陰
義 孔廟禮器碑
義 楊著碑

義 周憬功勳銘
義 史晨祠孔廟銘
義 衷良碑
義 靈臺碑
義 侯成碑
誼 繁陽楊君碑陰

議
議 石經公羊
議 戚伯著碑
議 劉寬碑陰
議 校官碑
議 元賓碑

議 衷良碑
議 華山亭碑
議 楊著碑
議 曹騰碑陰
議 孫根碑

僞 危睡切
僞 孫叔敖碑
僞 張表碑
僞 北海相景君碑

避 毗義切 避 石經論語 避 費汎碑 避 孫根碑 辟 李翕西坂碑

被 平義切 被 唐公房碑 被 樊毅復民租碑 被 唐扶頌 被 圉令趙君碑

六至

至 脂利切 至 石經尚書 至 孔廟禮器碑 至 華山亭碑 至 孫根碑 至 戚伯著碑

至 周憬功勳銘 至 郭輔碑 至 周公禮殿記 至 老子銘 至 唐公房碑 至 綏民尉熊君碑

贄

贄 華山亭碑

視 時利切

視 郭仲奇碑

視 靈臺碑

視 樊毅脩華嶽碑

視 孫叔敖碑陰

視 魯峻碑

視 綏民尉熊君碑

視 張壽碑

視 唐扶頌

視 樊安碑

示 神至切

示 孔宙碑

示 李翕坂碑

示 武榮碑

示 樊安碑

示 夏承碑

示 綏民尉熊君碑

謚
謚 婁壽碑
謚 陳寔殘碑
謚 魯峻碑
謚 馮緄碑
謚 侯成碑

二 而至切
二 石經尚書
二 華山亭碑

貳 亦作貳
貳 楊統碑
貳 費鳳碑
貳 横海呂將軍碑

帥 所類切
帥 周憬功勳銘
帥 楊統碑
帥 孔宙碑
帥 北海相景君碑

四 息利切
四 石經尚書
四 李翕坂碑
四 馮緄碑
四 北海相景君碑
四 孫叔敖碑

四 郙閣頌　四 高頤碑　四 唐公房碑　四 夏承碑　四 唐扶頌　四 孔廟置卒史碑

肆　肆 石經論語　肆 魏大饗碑　肆 斥彰長碑

泗　泗 劉寬碑　泗 魏脩孔子廟碑

次 七四切　次 石經尚書　次 華山亭碑　次 孫叔敖碑陰　次 張納碑陰　次 衷良碑

次 劉寬碑

自 疾二切

自 石經尚書

自 樊毅脩華嶽碑

自 華山亭碑

自 孔耽碑後字

自 綏民尉熊君碑

自 北海相景君碑

自 唐扶頌

粹 雖遂切

粹 劉脩碑

誶

誶 范式碑

醉 將遂切

醉 魏大饗碑

遂 徐醉切

遂 唐扶頌

遂 孟郁脩堯廟碑

遂 戚伯著碑

遂 樊毅脩華嶽碑

遂 帝堯碑

遂 靈臺碑

遂 唐公房碑

遂 綏民尉熊君碑

遂 張表碑

燧

燧 繁陽令楊君碑

隧

隧 樊安碑

隧 李翕西狹頌

隧 費鳳碑

隧 橫海呂將軍碑

襚

襚 劉寬碑

顇 秦醉切 顇 斥彰長碑

瘁 瘁 元賓碑 瘁 費鳳碑

悴 悴 孫根碑

地 徒二切 地 孫根碑 地 唐公房碑 地 高彪碑 地 孫叔敖碑 墬 繁陽令楊君碑

墬 無極山碑 地 真道冢碑

致 陟利切
致 石經論語
致 靈臺碑
致 李翕西狹頌
致 北海相景君碑
致 帝堯碑

致 樊毅脩華嶽碑
致 唐扶頌
致 樊安碑
致 五瑞碑
致 郙閣頌
致 孔宙碑

稺 直利切 亦作稚
稺 劉寬碑陰
稺 孫根碑
稚 楊著碑陰
稚 王稚子闕碑
稚 孫叔敖碑陰

稚 唐扶頌
稚 楊君斜谷碑

治
治 樊毅脩華嶽碑
治 史晨祠孔廟銘
治 王君石路碑
治 北海相景君碑
治 唐扶頌

治 靈臺碑　治 周憬功勳銘　治 何君閣道碑　治 夏承碑　治 綏民尉熊君碑

利 力至切　利 石經論語　利 北海相景君碑　利 孫叔敖碑　利 樊毅復民租碑　利 孟郁脩堯廟碑

利 周憬功勳銘

莅 亦作涖　莅 劉寬碑　莅 孫根碑　涖 劉寬後碑　莅 平輿令薛君碑

類 力遂切　類 魏受禪表　類 繁陽令楊君碑　類 孫叔敖碑　類 孔彪碑　類 高彪碑

類 老子銘

淚

淚 北海相景君碑

淚 孫根碑

淚 費鳳碑陰

棄 磬致切

棄 州輔碑

棄 吳仲山碑

棄 老子銘

棄 鄭令景君闕銘

棄 北海相景君碑

季 居悸切

季 石經論語

季 竇恩等題名碑

季 周公禮殿記

季 唐扶頌

季 華山亭碑

季 劉寬碑陰

季 孔宙碑

季 殽阬君碑陰

季 劉熊碑陰

季 陳球碑陰

季 綏民尉熊君碑

季 唐公房碑陰 季 逢盛碑 季 楊震碑陰 季 戚伯著碑

器 去冀切 器 孔廟置卒史碑 器 樊毅復民租碑 器 夏承碑 器 楊統碑 器 王元賓碑

冀 几利切 冀 張納功德敘 冀 夏承碑 冀 楊淮碑 冀 冀州郭從事碑

覬 覬 樊安碑

驥 驥 孫根碑

⿰馬豈 ⿰馬豈孔廟禮器碑

懿乙冀切 懿石經尚書 懿孔宙碑 懿孟郁脩堯廟碑 懿夏承碑 懿李翊碑 懿魯峻碑 懿劉熊碑 懿張納功德敘 懿孔彪碑 懿祝睦碑 懿樊安碑 懿楊統碑 懿李翕西狹頌

位于累切 位石經尚書 位北海相景君碑 位柳敏碑 位戚伯著碑 位校官碑

位 楊著碑　位 夏承碑　位 帝堯碑

匱 求位切　匱 楊君斜谷碑　匱 朱龜碑　匱 張平子碑

痹 毗至切　痹 劉脩碑

寐 蜜二切　寐 李翊夫人碑

秘 兵媚切　祕 靈臺碑　祕 丁魴碑

[illegible]
[illegible] 馮緄碑

戀
戀 周憬功勳銘

濞 匹備切
濞 殽阬君碑

備 平祕切
備 孔廟置卒史碑
備 楊統碑
備 樊安碑
備 白石神君碑
備 史晨祠孔廟銘

媚 明祕切
媚 孫根碑
媚 元賓碑

七志

志 職吏切
志 石經尚書
志 張表碑
志 孫根碑
志 劉脩碑

試 式吏切
試 石經公羊
試 孔廟置卒史碑
試 孔彪碑
試 費鳳碑陰

熾 昌志切
熾 孫叔敖碑
熾 楊震碑
熾 孟郁脩堯廟碑

幟
幟 魏受禪表

侍 時吏切
侍 孔彪碑
侍 周憬功勳銘
侍 孫根碑
侍 戚伯著碑
侍 王稚子闕碑
侍 樊安碑
侍 張納功德叙
侍 馮緄碑
侍 馮煥神道碑
使 疏吏切
使 魏尊號奏碑
事 仕吏切
事 石經尚書
事 戚伯著碑
事 孔廟置卒史碑
事 華山亭碑
事 鄭固碑
事 夏承碑
事 綏民尉熊君碑
事 劉脩碑
事 孫根碑
事 東海廟碑
事 唐扶頌

事 史晨祠孔廟銘

寺 祥吏切 寺 楊著碑 寺 周公禮殿記

嗣 嗣 石經尚書 嗣 唐扶頌 嗣 戚伯著碑 嗣 樊安碑 嗣 李翊碑

嗣 帝堯碑 嗣 綏民尉熊君碑 嗣 孫叔敖碑 嗣 孟郁脩堯廟碑 嗣 劉寬後碑陰

字 疾置切 字 蘇衡等題名碑 字 高頤闕碑 字 張表碑 字 唐扶頌 字 周憬功勳銘

字 孔廟置卒史碑
字 夏承碑
字 華山亭碑

置 竹吏切
置 石經論語
置 孔廟置卒史碑
置 孫叔敖碑
置 楊君斜谷碑
置 吳仲山碑

置 孫根碑

吏 良志切
吏 北海相景君碑
吏 楊統碑
吏 孔彪碑陰
吏 孫根碑
吏 孔宙碑

吏 周憬功勳銘
吏 繁陽令楊君碑
吏 綏民尉熊君碑

異羊吏切　異石經公羊　異楊著碑　異史晨祠孔廟銘　異周憬功勳銘　異劉熊碑陰

異周公禮殿記　異張表碑　異樊安碑　異孔廟禮器碑

記居吏切　記石經公羊　記華山亭碑　記張納碑陰　記衷良碑　記綏民尉熊君碑

記鄐閣頌

意於記切　意夏承碑　意老子銘　意張納功德敘　意丁魴碑　意孔廟置卒史碑

意 唐公房碑 意 金恭碑 意 孔廟禮器碑

八未

未 無沸切 未 石經公羊 未 楊著碑 未 孫根碑 未 孔宙碑 未 樊毅脩華嶽碑

味 味 孔彪碑 味 周憬功勳銘 味 元賓碑

費 芳未切 費 石經論語 費 樊毅復民祖碑

沸 方未切 沸 周憬功勳銘 沸 橫海呂將軍碑

餼 許既切 餼 魏受禪表

氣 丘既切 氣 衡方碑 氣 郭仲奇碑 氣 靈臺碑 氣 朱龜碑 氣 武榮碑

氣 樊毅脩華嶽碑 氣 逢盛碑

旣 居氣切 旣 石經尚書 旣 華山亭碑 旣 馮緄碑 旣 孔宙碑

暨 其既切 暨 張納功德叙 暨 樊毅脩華嶽碑 暨 張表碑 暨 帝堯碑

毅 魚既切 毅 華山亭碑 毅 孫根碑

謂 于貴切 謂 石經論語 謂 李翕西狹頌

渭 渭 費鳳碑陰

緯 緯 袁良碑 緯 李翊碑 緯 唐扶頌 緯 帝堯碑

諱 許貴切　諱 石經公羊　諱 夏承碑　諱 華山亭碑　諱 李翕西狹頌　諱 孟郁脩堯廟碑

諱 周憬功勳銘　諱 丁魴碑　諱 楊淮碑

貴 歸胃切　貴 樊安碑　貴 婁壽碑　貴 孔宙碑

尉 紆胃切　尉 華山亭碑　尉 羊竇道碑　尉 戚伯著碑　尉 高彪碑　尉 楊著碑

尉 夏承碑　尉 交阯沈君神道　尉 高頤闕碑

慰
慰 楊震碑
慰 張納功德敘碑
慰 鄭固碑
慰 孔彪碑
慰 劉寬後碑

畏
畏 石經尚書
畏 華山亭碑
畏 魏尊號奏碑
畏 楊統碑
畏 費鳳碑陰
畏 劉熊碑
畏 楊著碑

尉
尉 梁休碑

魏 虞貴切
魏 劉寬碑陰
魏 楊著碑陰

九御

御 牛據切

御 魏尊號奏碑

御 王純碑

御 孫根碑

御 孔彪碑

御 馮緄碑

御 張納功德叙

御 王稚子闕碑

御 帝堯碑

御 横海呂將軍碑

御 楊淮碑

去 止據切

去 孔廟置卒史碑

去 樊毅復民祖碑

去 王君石路碑

去 孫根碑

去 北海相景君碑

去 李翊碑

去 老子銘

去 魏尊號奏碑

去 衆良碑

去 劉寛後碑

去 楊淮碑

據 居御切 據 殽阬君碑 據 孔彪碑 據 唐扶頌 據 北海相景君碑 據 樊安碑

據 老子銘 據 夏承碑 據 孟郁脩堯廟碑

踈 所據切 踈 桐柏廟碑 踈 州輔碑

助 牀據切 助 唐扶頌 助 繁陽令楊君碑 助 高彪碑

恕 商署切 恕 石經論語 恕 孔宙碑 恕 劉脩碑

庶 石經尚書 庶 楊統碑 庶 夏承碑 庶 郭究碑 庶 柳敏碑

庶 楊著碑

處 昌據切 處 華山亭碑

翥 章庶切 翥 元賓碑

著 陟慮切 著 北海相景君碑 著 史晨祠孔廟銘 著 張納功德叙 著 夏承碑 著 鄭固碑

著 戚伯著碑 著 楊震碑 着 侯成碑 着 靈臺碑 著 孟郁脩堯廟碑

慮 良據切 慮 周禮殿記 慮 劉寬碑陰 慮 費汎碑

豫 羊茹切 豫 劉熊碑 豫 陳寔殘碑 豫 楊君斜谷碑 豫 元賓碑 豫 唐扶頌

豫 吳仲山碑 豫 馮煥神道碑 豫 校官碑

譽 譽 孫根碑 譽 唐公房碑 譽 孔宙碑 譽 唐扶頌

舉 舉 北海相景君碑

十遇

遇 元具切 遇 督郵斑碑 遇 戚伯著碑 遇 是邦雄桀碑 遇 袁良碑

句 俱遇切 句 石經魯詩 句 劉寬碑陰

懼 衢遇切 懼 石經尚書 懼 孔彪碑

具

具 孟郁脩堯廟碑

具 史晨祠孔廟銘

裕 俞戍切

裕 魏尊號奏碑

裕 孟郁脩堯廟碑

裕 劉寛後碑

喻

喻 魏受禪表

喻 賜馮煥詔

喻 老子銘

赴 芳遇切

赴 石經公羊

赴 武梁畫像碑

赴 繁陽令楊君碑

赴 孫根碑

赴 周憬功勳銘

赴 帝堯碑

付 方遇切

付 石經尚書

傳

傳 石經公羊

傳 劉寬碑陰

傳 夏承碑

傳 魏受禪表

傅 史晨祠孔廟銘

賦

賦 樊毅復民租碑

賦 張納功德敘

附 符遇切

附 李翊夫人碑

附 繁陽令楊君碑

附 樊敏碑

附 曹騰碑陰

附 綏民尉熊君碑

賻

賻 楊震碑

賻 元賓碑

務 云遇切 務 孟郁脩堯廟碑 務 吴仲山碑 務 魏尊號奏碑 務 樊敏碑

霧 霧 魏脩孔子廟碑

娶 逡遇切 娶 吴仲山碑

趣 趣 史晨祠孔廟銘 趣 華山亭碑

聚 從遇切 聚 孫叔敖碑

戍 春遇切 戍 魏受禪表

注 朱戍切 注 孟郁脩堯廟碑 注 孔廟禮器碑 注 孔耽碑後字 注 楊君斜谷碑 注 楊淮碑

數 雙遇切 數 樊毅脩華嶽碑 數 孫叔敖碑 數 李翕西狹頌 數 郙閣頌 數 靈臺碑 數 白石神君碑 數 馮緄碑

駐 株遇切 駐 孟郁脩堯廟碑 駐 李翕西狹頌

屢 能遇切
屢 孔宙碑
屢 李翕西狹頌
屢 劉熊碑

十一暮

慕 莫故切
慕 綏民尉熊君碑
慕 楊統碑
慕 唐扶頌
慕 張納功德敘
慕 北海相景君碑
慕 劉寬後碑
慕 劉熊碑
慕 李翊碑
慕 桐栢廟碑
慕 孫叔敖碑
慕 夏承碑

墓
墓 劉脩碑
墓 孫根碑
墓 陳寔殘碑
墓 郭輔碑

慕 慕 孟郁脩堯廟碑

怖 普故切 怖 劉曜碑 怖 史晨祠孔廟銘 怖 張納功德叙

布 博故切 布 周公禮殿記 布 北海相景君碑 布 蔡湛頌 布 馮緄碑 布 華山亭碑

布 楊著碑 布 孫叔敖碑 布 吳仲山碑 布 婁壽碑 布 楊震碑 布 張納功德叙

布 郙閣頌

抪
抪 唐扶頌

步 蒲故切
步 高彪碑
步 楊著碑
步 魏尊號奏碑
步 帝堯碑
步 孫叔敖碑

捕
捕 益州守城塤碑

哺
哺 武梁畫像碑

素 蘇故切
素 孫叔敖碑陰
素 馬江碑
素 唐扶頌
素 張納功德敘
素 柳敏碑

素 史晨祠孔廟銘　素 華山亭碑　素 侯成碑　素 孔彪碑

訴 亦作愬　訴 鄭固碑　愬 益州守無名碑

泝 亦作遡　泝 張納功德敘　遡 益州守城埧碑

措 倉故切　措 逢盛碑　措 費鳳碑　措 戚伯著碑

錯　錯 樊敏碑

祚 存故切

祚 四老神祚机碑

祚 張納碑陰

祚 靈臺碑

祚 孟郁脩堯廟碑

祚 樊毅脩華嶽碑

祚 李翊碑

祚 華山亭碑

阼

阼 劉寬後碑

胙

胙 曹騰碑陰

胙 老子銘

兔 土故切 亦作菟

菟 靈臺碑

兔 魏尊號奏碑

兔 魏大饗碑

兔 唐扶頌

度 徒故切
度 帝堯碑
度 吳仲山碑
度 楊君斜谷碑
度 周公禮殿記
度 華山亭碑
度 費鳳碑陰
度 張表碑
度 靈臺碑
度 陳度碑
度 孟郁脩堯廟碑
渡
渡 魏尊號奏碑
渡 老子銘
路 魯故切
路 石經論語
路 孫根碑
路 楊君斜谷碑
路 周憬功勳銘
路 袁良碑
路 劉寬碑陰
路 孔彪碑
路 夏承碑
路 北海相景君碑
路 王君石路碑
路 綏民尉熊君碑

露　露李翕西狹頌　露五瑞碑

怒奴故切　怒唐公房碑　怒周憬功勳銘　怒華山亭碑

護胡故切　護孟郁脩堯廟碑　護劉熊碑陰

庫苦故切　庫劉寬碑陰

顧古慕切亦作頋　顧劉寬碑　顧樊敏碑　顧華山亭碑　顧馬江碑　顧婁壽碑

故 故 石經公羊 故 龐公神道 故 孔廟置卒史碑 故 華山亭碑 故 馮煥神道碑

故 司馬孟臺神道 故 江原長進德碣 故 周憬功勳銘 故 王稚子闕碑 故 高頤闕碑 故 羊竇道碑

故 夏承碑 故 孔耽碑後字

固 固 樊安碑 固 老子銘 固 華山亭碑

錮 錮 鄭固碑

汙 烏故切 亦作洿 汙 孫叔敖碑 汙 孔廟禮器碑 汙 綏民尉熊君碑 汙 堯廟碑陰 洿 尉氏令鄭君碑

悟 五故切 悟 費鳳碑陰 悟 孫叔敖碑

寤 寤 北海相景君碑 寤 華山亭碑 寤 逢盛碑 寤 袁良碑 寤 楊震碑

十二霽

濟 子計切 濟 樊毅脩華嶽碑 濟 元賓碑 濟 辛李君造橋碑

隮
隮 周憬功勳銘

細 思計切
細 周憬功勳銘
細 魯峻碑

壻
壻 唐公房碑

閉 必計切
閉 魯峻碑
閉 王純碑

帝 丁計切
帝 石經尚書
帝 孟郁脩堯廟碑
帝 楊著碑
帝 高頤碑
帝 華山亭碑

帝 劉熊碑 帝 繁陽令楊君碑 帝 真道冢碑

替 佗計切 替 楊震碑 替 苑鎮碑 替 周憬功勳銘 替 魏石經左傳

涕 楊統碑 涕 費鳳碑 涕 唐扶頌 涕 楊著碑 涕 北海相景君碑

涕 劉寬後碑 涕 孫根碑 涕 冀州郭從事碑

第 大計切 第 孔廟置卒史碑 第 范式碑

悌 悌 魏受禪表 悌 樊毅脩華嶽碑

弟 弟 戚伯著碑 弟 夏承碑 弟 唐扶頌 弟 張偉伯穿中記 弟 景君碑陰

弟 吳仲山碑 弟 綏民尉熊君碑 弟 韓勑碑陰 弟 費鳳碑

麗 郎計切 麗 賜馮煥詔 麗 楊君斜谷碑 麗 大饗記殘碑

隸 亦作隸 隸 劉寬碑 隸 夏承碑 隸 郭仲奇碑 隸 王純碑 隸 楊君斜谷碑

隸 魏大饗碑

儷 儷 宗俱碑

戾 戾 逢盛碑 戾 朱龜碑

迡 乃計切 迡 無極山碑

系 胡計切 系 孫根碑 系 張平子碑 系 張表碑 系 夏堪碑

契 詰計切 契張平子碑

計 吉詣切 計夏承碑 計老子銘 計周憬功勳銘 計太僕荀君碑

繫 繫孔彪碑 繫魏尊號奏碑

繼 繼唐扶頌 繼李翊碑 繼陳球後碑 繼劉熊碑 繼李翊夫人碑 㡭帝堯碑 繼楊君斜谷碑 繼靈臺碑 繼袁良碑 繼武梁畫像碑 繼李翕西狹頌

繼 楊著碑

翳 壹計切

翳 苑鎮碑

翳 繁陽令楊君碑

翳 馬江碑

殪

殪 張納功德敘

詣 研計切

詣 孟郁脩堯廟碑

詣 斥彰長碑

詣 斜谷典匠題名

惠 胡桂切

惠 石經尚書

惠 逢盛碑

惠 楊著碑

惠 樊毅脩華嶽碑

惠 李翊夫人碑

惠樊毅復民租碑　惠李翕西坂碑　惠綏民尉熊君碑　惠靈臺碑陰　惠魯峻碑　惠北海相景君碑

憓劉脩碑

十三祭

祭子例切　祭石經論語　祭華山廟碑

際　際史晨祠孔廟銘　際來良碑　際靈臺碑　際周公禮殿記　際郭仲奇碑

歲 須銳切
歲 石經魯詩
歲 劉熊碑
歲 戚伯著碑
歲 張壽碑
歲 華山亭碑
歲 吳仲山碑
歲 侯成碑
歲 靈臺碑
歲 斥彰長碑

彗 旋芮切
彗 樊毅脩華嶽碑
彗 燕然銘

世 始制切
世 石經尚書
世 逢盛碑
世 楊著碑
世 綏民尉熊君碑
世 樊毅脩華嶽碑
世 王君石路碑
世 唐扶頌
世 周憬功勳銘
世 孫叔敖碑
世 鄭固碑
世 老子銘

世 吳仲山碑 世 孔宙碑 世 羊竇道碑 世 楊震碑陰 世 孔廟禮器碑 世 楊統碑陰

世 楊信碑 世 夏承碑 世 富春丞張君碑 世 孔廟置卒史碑

貰 貰 馮緄碑

勢 亦作埶 勢 雍勸闕碑 埶 老子銘 勢 郭輔碑

制 征例切 制 石經公羊 制 孔廟置卒史碑 制 曹騰碑陰 制 孔廟禮器碑 制 史晨祠孔廟銘

制 校官碑 制 靈臺碑 制 楊著碑

逝 時制切 逝 繁陽令楊君碑 逝 周憬功勳銘 逝 孔彪碑 逝 李翊碑 逝 桐栢廟碑

稅 輸芮切 稅 劉熊碑

蛻 蛻 老子銘

蜹 儒稅切 蜹 唐公房碑

滯 直例切　滯 魏受禪表　滯 老子銘　滯 費鳳碑

厲 力制切　厲 劉寬碑　厲 衷良碑　厲 元賓碑　厲 帝堯碑　厲 劉熊碑

䧣 楊君斜谷碑　䧣 校官碑

癘　癘 唐公房碑

綴 株衛切　綴 史晨祠孔廟銘

裔 以制切 裔 帝堯碑 裔 郭輔碑 裔 蔡湛頌 裔 孫根碑

叡 俞芮切 叡 侯成碑 叡 孫根碑 叡 元賓碑 叡 劉熊碑 叡 孔彪碑

叡 魯峻碑 叡 鄭烈碑

銳 銳 魏大饗碑 銳 樊毅脩華嶽碑

藝 倪祭切亦作埶 藝 張表碑 藝 孫根碑 埶 丁魴碑 藝 夏承碑 埶 孟郁脩堯廟碑

埶 孔廟置卒史碑 埶 王元賓碑

蔽 必袂切 蔽 石經論語 蔽 周憬功勳銘 蔽 魏大饗碑

敝 毗祭切 敝 史晨祠孔廟銘

幣 幣 孫叔敖碑 幣 孔宙碑 幣 楊君斜谷碑 幣 靈臺碑

斃 斃 范式碑

弊 斃 穀阮君碑

衛 于歲切 衛 劉熊碑陰 衛 李翕西狹頌 衛 靈臺碑 衛 劉曜碑 衛 北海相景君碑

衛 史晨祠孔廟銘 衛 李翊碑

十四泰

泰 佗蓋切 泰 石經公羊 泰 韓勑碑陰 泰 孔宙碑 泰 孔從事碑

太　太 大鄉記殘碑　太 衡方碑　太 戚伯著碑　太 孫根碑　太 劉寬神道碑

汰　汰 李翕坂碑

帶 當蓋切　帶 柳敏碑　帶 楊著碑　帶 孔彪碑

大 徒蓋切　大 石經儀禮　大 繁陽令楊君碑　大 袁良碑　大 魏尊號奏碑　大 夏承碑

賴 落蓋切　賴 孟郁脩堯廟碑　賴 靈臺碑　賴 李翕坂碑　賴 樊安碑　賴 李翕西狹頌

瀨

瀨 周憬功勳銘

柰 乃帶切

柰 北海相景君碑

柰 逢盛碑

柰 吴仲山碑

貝 博蓋切

貝 劉寬碑陰

沛

沛 石經論語

沛 楊統碑

沛 郙閣頌

沛 楊著碑

沛 劉寬碑陰

沛 魯峻碑

沛 戚伯著碑

兊 徒外切
兊 郙閣頌

蔡 七蓋切
蔡 桐柏廟碑
蔡 義井碑陰
蔡 蔡湛頌
蔡 張偉伯穿中記
蔡 楊淮碑

最 祖外切
冣 蔡湛頌
冣 王純碑陰

害 下蓋切
害 石經論語
害 衷良碑
害 孔彪碑
害 李翕西狹頌
害 史晨祠孔廟銘
害 武榮碑

蓋 居太切 蓋 石經論語 蓋 費鳳碑陰 蓋 唐扶頌 蓋 靈臺碑 蓋 周憬功勳銘

藹 於蓋切 藹 婁壽碑 藹 樊安碑 藹 周憬功勳銘

艾 牛蓋切 艾 石經尚書 艾 馮緄碑 艾 費鳳碑陰 艾 樊毅脩華嶽碑 艾 孟郁脩堯廟碑

艾 秦頡碑 艾 觴豆碑陰

會 黃外切 會 石經尚書 會 袁良碑 會 侯成碑 會 劉寬碑 會 司馬季德碑

會 貴鳳碑陰
會 繁陽令楊君碑

檜 古外切
檜 校官碑

澮
澮 周憬功勳銘

會
會 許馘夫人碑

濊 烏外切
濊 袁良碑

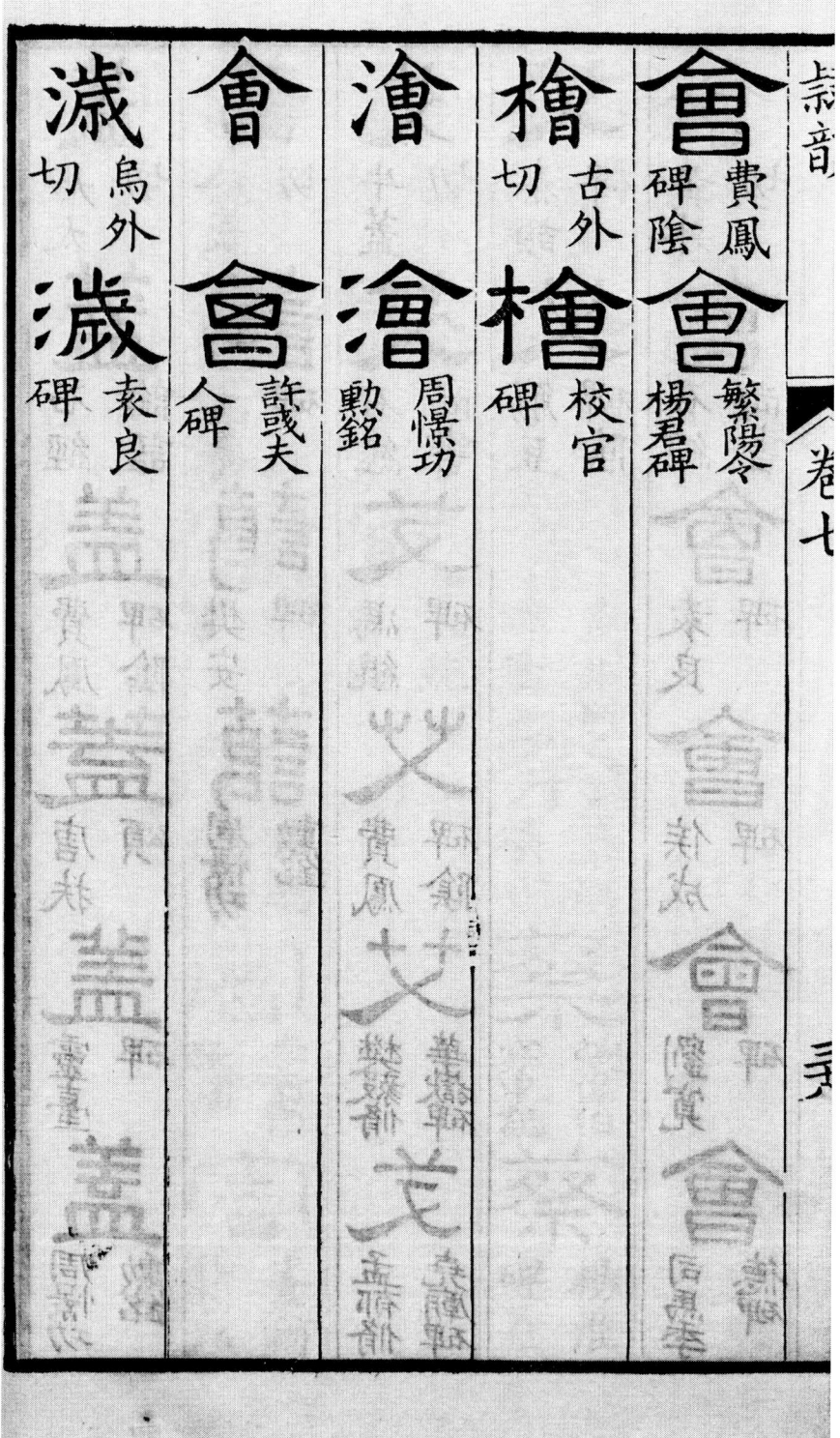

外 五會切 外 石經公羊 外 華山亭碑 外 魯峻碑 外 孔彪碑陰 外 樊毅脩華嶽碑

外 柳敏碑 外 李翕西狹頌 外 靈臺碑

十五卦

卦 古賣切 卦 樊毅脩華嶽碑 卦 孔廟禮器碑

畫 胡卦切 畫 張平子碑

懈 居隘切
懈 張納功德敘

邂 下懈切
邂 吳仲山碑

解
解 楊震碑陰
解 劉熊碑陰

賣 莫懈切
賣 孫叔敖碑

隘 烏懈切
隘 梁休碑

十六怪

恠 古瞶切 恠 魏大饗碑 恠 樊毅脩華嶽碑

蕢 苦怪切 蕢 祝睦後碑

戒 居拜切 戒 劉寬碑陰 戒 楊君斜谷碑 戒 袁良碑 戒 孔廟置卒史碑

誡 誡 逢盛碑

介　不 孫根碑　不 苑鎮碑　不 吳仲山碑　不 唐公房碑陰　不 侯成碑

价　价 楊統碑

界　果 唐扶頌　果 無極山碑

壞 胡怪切　壞 王君石路碑

械 下戒切　械 魏受禪表

薤 韰 逢盛碑陰

拜 布怪切 拜 石經儀禮 拜 張納功德叙 拜 史晨祠孔廟銘 拜 楊著碑 拜 周憬功勳銘

拜 馮緄碑 拜 祝睦後碑

瘵 側界切 瘵 仲秋下旬碑

十七夬

敗 薄邁切 敗 石經 敗 公羊 孔廟禮器碑 敗 魏石經左傳

邁 莫敗切 邁 朱龜碑 邁 魏大饗碑 邁 衷良碑 邁 苑鎮碑 邁 孔彪碑

蠆 丑邁切 蠆 李翊夫人碑

十八隊

隊 徒對切 隊 朱龜碑

對 都內切 對 石經論語 對 孫叔敖碑 對 繁陽令楊君碑 對 張表碑

退 吐內切 亦作退 退 元賓碑 退 鄭固碑 退 繁民尉熊君碑 退 王純碑 退 費鳳碑

退 夏承碑 退 劉寬碑 退 繁陽令楊君碑 退 祝睦碑

耒 盧對切 耒 北海相景君碑 耒 費鳳碑陰

內 奴對切 內 石經論語 內 張偉伯穿中記 內 孟郁脩堯廟碑 內 王稚子闕碑 內 陳球碑陰

内 魯峻碑

背 補妹切　背 老子銘

配 滂佩切　配 鄭固碑　配 陳寔殘碑　配 樊毅脩華嶽碑

佩 蒲昧切亦作珮　佩 袁良碑　珮 楊統碑陰

妹 莫佩切　妹 王純碑

眛 眛繁陽令楊君碑

碎 蘇對切 碎徐氏紀產碑

潰 胡對切 潰李翕坂碑 潰魏大饗碑

匯 匯唐扶頌

誨 呼內切 誨繁陽令楊君碑 誨孟郁脩堯廟碑 誨劉熊碑 誨孫根碑

晦

晦 侯鉦銘字

塊 苦潰切

塊 帝堯碑

十九代

代 徒耐切

代 魏尊號奏碑

代 逢盛碑

代 費鳳碑陰

代 魏受禪表

代 孫叔敖碑

代 史晨祠孔廟銘

岱 岱劉衡碑 岱唐扶頌 岱唐公房碑陰 岱張納碑陰

貸他代切 貸孫叔敖碑 貸吳仲山碑

態 態武梁畫像碑

戴丁代切 戴劉熊碑陰 戴楊統碑

塞先代切 塞靈臺碑 塞無極山碑 塞橫海呂將軍碑

再 作代切
再 張公神碑
再 魏受禪表
再 蔡湛頌

載
載 郙閣頌

菜 倉代切
菜 吳仲山碑
菜 婁壽碑

在 昨代切
在 石經論語
在 五瑞碑
在 夏承碑
在 景君碑陰
在 東海廟碑
在 吳仲山碑
在 蔡湛頌
在 綏民尉熊君碑
在 華山亭碑
在 帝堯碑
在 孔耽神祠碑

在 祝睦碑

慨 口溉切

慨 費鳳碑陰

慨 樊安碑

慨 孫叔敖碑

慨 婁壽碑

慨 魏脩孔子廟碑

慨 孫根碑

溉 居代切

溉 丁魴碑

溉 孫叔敖碑

愛 於代切

愛 石經論語

愛 曹騰碑陰

愛 費鳳碑

愛 楊統碑

愛 夏承碑

夌 孫根碑 夌 楊著碑 夌 繁長尉熊君碑 夌 堯廟碑側

僾 切

僾 史晨饗孔廟碑

导 牛代切 㝵 楊君斜谷碑

二十廢

廢 放吠切 廢 石經論語 廢 楊君斜谷碑 廢 魏受禪表 廢 靈臺碑 廢 孫叔敖碑陰

癈
癈 繁民尉熊君碑

乂 魚肺切
乂 袁良碑
乂 劉寬後碑
乂 鄭烈碑

刈
刈 校官碑

穢 烏廢切
穢 横海呂將軍碑
穢 樊敏碑
穢 蔡湛頌
穢 魯峻碑

濊
濊 樊毅脩華嶽碑

喙 許穢切 喙 三公山碑

二十一震

震 之刃切 震 劉熊碑 震 殽阬君碑

振 振 繁陽令楊君碑 振 馮緄碑 振 衷良碑 振 唐扶頌

刃 而振切 刃 横海呂將軍碑

仞
仞 三公山碑
仞 樊毅脩華嶽碑

軔
軔 繁陽令楊君碑

鬢 必刃切
鬢 平輿令薛君碑

殯
殯 曹騰碑陰
殯 孫根碑

信 思晉切
信 石經論語
信 北海相景君碑
信 郯令景君闕銘
信 劉熊碑陰
信 周憬功勳銘

訊

訊 校官碑

晉 即刃切

晉 劉寬碑陰

晉 樊敏碑

晉 馮緄碑

晉 苑鎮碑

晉 老子銘

縉

縉 王純碑

縉 楊著碑

進

進 夏承碑

進 劉熊碑

進 戚伯著碑

進 吳仲山碑

進 唐公房碑

進 華山亭碑

進 江原長進德碣

進 逢盛碑

進 桐栢廟碑

進 孔從事碑

齔 初覲切 齔 祝睦後碑

鎮 陟刃切 鎮 張納功德叙 鎮 華山亭碑 鎮 李翊碑 鎮 劉寬碑 鎮 鄭烈碑

疢 丑刃切 疢 高彪碑

鄰 良刃切 鄰 州輔碑

藺 藺 費鳳碑陰

印 於刃切 印 樊安碑 印 夏承碑 印 衷良碑 印 堯廟碑陰

釁 許覲切 釁 魏大饗碑

覲 渠吝切 覲 平都侯蔣君碑 覲 繁陽令楊君碑

瑾 瑾 李翕西狹頌

憖 魚僅切 憖 楊著碑 憖 平輿令薛君碑

二十二稕

舜 輸閏切

舜 帝堯碑

舜 宋恩等題名碑

舜 魏元丕碑

舜 衷良碑

舜 郙閣頌

舜 費鳳碑

舜 樊毅脩華嶽碑

舜 婁壽碑

順 食閏切

順 劉寬碑陰

順 楊君斜谷碑

順 周憬功勳銘

順 楊統碑

順 樊毅脩華嶽碑

順 楊著碑

順 中部碑

順 夏堪碑

潤 儒順切　潤 張納功德叙　潤 樊毅脩華嶽碑　潤 魯峻碑　潤 唐公房碑　潤 費鳳碑

峻 須閏切　峻 魯峻碑　峻 樊安碑　峻 華山廟碑　峻 桐栢廟碑

浚　浚 劉熊碑陰　浚 孔廟後碑題名

鵔　鵔 費鳳碑陰

俊 祖峻切　俊 張納功德叙　俊 楊統碑陰　俊 郙閣頌

晙 晙 孔宙碑 晙 太僕荀君碑

駿 駿 徐氏紀產碑 駿 羊竇道碑 駿 觴豆碑陰

二十三問

問 文運切 問 石經論語 問 馮緄碑 問 夏承碑 問 孫叔敖碑陰 問 張納功德叙

奮 方問切 奮 王純碑

訓 吁運切 訓 石經尚書 訓 帝堯碑 訓 校官碑 訓 孔宙碑 訓 周憬功勳銘

訓 張納碑陰 訓 殽阬君碑陰

郡 具運切 郡 周憬功勳銘 郡 孔耽碑後字 郡 孔謙碣 郡 何君閣道碑 郡 劉寬碑陰

郡 高彪碑 郡 北海相景君碑 郡 蘇衡等題名碑 郡 江原長進德碣 郡 夏承碑 郡 華山亭碑

郡 綏民尉熊君碑 郡 是邦雄桀碑 郡 堯廟碑陰

慍 於問切 慍 張納碑陰

緼 緼 朱龜碑

運 王問切 運 樊毅脩華嶽碑 運 衷良碑 運 靈臺碑 運 繁陽令楊君碑

分 扶問切 分 義井碑陰

隸韻卷第七終

隸韻 卷八

隸韻卷第八

去聲下

二十四爒　二十五願

二十六慁　二十七恨

二十八翰　二十九換

三十諫　三十一襉

三十二霰　三十三線

三十四嘯　三十五笑

三十六效　三十七號

三十八箇　三十九過

四十禡　四十一漾

四十二宕　四十三映

四十四諍　四十五勁

四十六徑　四十七證

四十八嶝　四十九宥

五十候　五十一幼

五十二沁　五十三勘

五十四闞　五十五豔

五十六㮇　五十七釅

五十八陷　五十九鑑

六十梵

二十四焮

靳 居焮切

靳 孔宙碑陰

靳 王純碑陰

近 巨靳切

近 石經尚書

近 樊安碑

近 戚伯著碑

近 北海相景君碑

二十五願

願 虞怨切
願 張平子碑
願 夏承碑
願 唐公房碑
願 楊統碑

券 區願切
券 魏元丕碑

勸
勸 帝堯碑
勸 孟郁脩堯廟碑
勸 劉熊碑
勸 雍勸闕碑
勸 曹騰碑陰

怨 紆願切
怨 石經論語
怨 高彪碑
怨 張納功德叙

獻 許建切
獻 孟郁脩堯廟碑
獻 張納功德叙
獻 費鳳碑陰
獻 張納碑陰

憲

憲 劉寬碑陰 憲 夏承碑 憲 韓勑碑陰 憲 孫根碑 憲 劉熊碑

憲 孔廟置卒史碑 憲 周憬功勳銘 憲 靈臺碑 憲 堯廟碑側

建 居萬切 建 石經尚書 建 劉君閣道題字 建 夏承碑 建 何君閣道碑 建 周公禮殿記

建 北海相景君碑 建 周憬功勳銘 建 王君石路碑 建 銅臺瓦銘

郾 於建切 郾 劉寬碑陰

飯 扶萬切 飯 衷良碑

萬 無販切亦作万 萬 石經論語 萬 靈臺碑 萬 大饗記殘碑 萬 華山亭碑 萬 樊毅脩華嶽碑

萬 馮緄碑 萬 李翕坂碑 萬 羊竇道碑 萬 繁陽令楊君碑 萬 孟郁脩堯廟碑 萬 張表碑

萬 周憬功勳銘 万 建平郫縣碑 萬 鄭三益碑

曼 曼 殽阬君碑陰 曼 孔彪碑 曼 中部碑

蔓
蔓 孟郁脩堯廟碑
蔓 校官碑

二十六慁

溷 胡困切
溷 孫叔敖碑

困 苦悶切
困 北海相景君碑
困 孫叔敖碑
困 孔宙碑
困 周憬功勳銘
困 李翕西狹頌

悶 莫困切
悶 婁壽碑
悶 鄭烈碑

巽 蘇困切 巽 桐栢廟碑

遜 遜 馮緄碑 遜 劉脩碑 遜 魯峻碑

頓 都困切 頓 樊安碑 頓 魯峻碑 頓 華山廟碑 頓 史晨祠孔廟銘 頓 華山亭碑

遯 徒困切 亦作遁 遯 張納功德叙 遁 老子銘 遁 鄭固碑 遁 婁壽碑

二十七恨

恨 下艮切 恨 平都侯蔣君碑 恨 孫叔敖碑

艮 古恨切 艮 三公山碑

二十八翰

翰 侯旰切 翰 元賓碑 翰 劉寬碑陰 翰 孔彪碑

旱 旱 無極山碑

捍 亦作扞 捍 賜馮煥詔 扞 富春丞張君碑

漢 虛汗切 漢 帝堯碑 漢 龐公神道 漢 綏民尉熊君碑 漢 蔡湛頌 漢 緜竹王君神道

漢 劉寬碑陰 漢 景君碑陰 漢 王稚子闕碑

幹 幹 李翊碑 幹 楊著碑

榦 榦 北海相景君碑 榦 張納功德敘

按 於旰切 按 衡方碑

案 案 靈臺碑 案 張納碑陰 案 斥彰長碑 案 魯峻碑 案 史晨祠孔廟銘

案 華山廟碑 案 孔廟置卒史碑

岸 魚旰切 岸 周憬功勳銘

犴 犴 張納功德叙

贊 則旰切 贊 張平子碑 贊 楊統碑陰 贊 馬江碑

讚 讚 張表碑 讚 孔廟置卒史碑 讚 孔彪碑 讚 繁陽楊君碑陰 讚 唐扶頌

瓚 才贊切 瓚 劉寬碑陰

炭 他案切 炭 孫叔敖碑 炭 周公禮殿記

歎 歎 樊安碑 歎 綏民尉熊君碑 嘆 孔廟禮器碑 歎 李翊夫人碑 歎 唐扶頌

嘆 史晨祠孔廟銘 嘆 楊君斜谷碑

爛 郎旰切 爤 元賓碑

難 乃旦切 難 李翕坂碑

旦 得案切 旦 石經尚書 旦 校官碑 旦 應酬題名碑 旦 帝堯碑 旦 孫叔敖碑

散 先旰切 散 孟郁脩堯廟碑

二十九換

換 胡玩切 換 孫根碑 換 楊統碑 換 唐扶頌

奐 呼玩切 奐 王純碑 奐 孫根碑

煥 煥 史晨祠孔廟銘 煥 孟郁脩堯廟碑 煥 祝睦後碑 煥 張表碑

渙 渙 朱龜碑 渙 戚伯著碑 渙 劉熊碑

暥 暥魯峻碑

貫 古玩切 貫樊敏碑、貫綏民尉熊君碑 貫靈臺碑 貫周憬功勳銘

冠 冠周公禮殿記 冠孫叔敖碑

灌 灌丁魴碑 灌魯峻碑 灌孫叔敖碑

盥 盥石經儀禮

玩　五換切
玩　祝睦後碑
玩　周憬功勳銘

判　普半切
判　樊毅脩華嶽碑

泮
泮　魏脩孔子廟碑
泮　劉熊碑
泮　校官碑

畔　薄半切
畔　孔宙碑
畔　張表碑
畔　樊安碑
畔　陳球後碑
畔　孔廟禮器碑
畔　周公禮殿記

叛 叛 横海呂將軍碑

幔 莫半切 幔 周公禮殿記

漫 漫 柳敏碑 漫 孔彪碑

筭 蘇貫切 筭 張平子碑 筭 魏大饗碑 筭 綏民尉熊君碑 筭 樊毅復民租碑

竄 取亂切 竄 魏大饗碑 竄 張納功德敘

鑽 祖筭切 鑽 周憬功勳銘

斷 都玩切 斷 華山亭碑 斷 楊㬎谷碑 斷 魯峻碑

段 徒玩切 段 孫叔敖碑 段 劉寬後碑 段 緐陽楊君碑陰 段 觴豆碑陰

亂 盧玩切 亂 石經尚書 亂 孔廟禮器碑 亂 孫根碑 亂 周公禮殿記 亂 柳敏碑

亂 老子銘 亂 馮緄碑

三十諫

諫 居晏切 諫 石經公羊 諫 曹騰碑陰

澗 澗 周憬功勳銘

晏 於諫切 晏 孫根碑 晏 唐公房碑陰 晏 唐扶頌

鴈 爭澗切 鴈 衡方碑

患 胡慣切 患 王純碑 患 李翕坂碑 患 樊敏碑 患 羊竇道碑

宦 宦 石經魯詩 宦 孟郁脩堯廟碑 宦 樊安碑 宦 戚伯著碑 宦 殽阬君碑

擐 擐 陳球後碑

慢 莫晏切 慢 樊安碑 慢 衷良碑

訕 所晏切 訕 石經論語

棧 助諫切 棧 辛李君造橋碑

三十一襉

辨 皮莧切 辨 魏大饗碑

盼 匹莧切 盼 張平子碑

三十二霰

薦 作甸切 薦 孔彪碑 薦 費鳳碑 薦 靈臺碑

殿 下練切 殿 周公禮殿記 殿 吳仲山碑 殿 魏尊號奏碑

電 堂練切 電 魏大饗碑 電 郭仲奇碑 電 周憬功勳銘

奠 奠 樊毅脩華嶽碑 奠 太僕荀君碑

甸 甸 費鳳碑

練 郎甸切 練 唐扶頌 練 衷良碑 練 劉熊碑

見 形甸切 見 石經魯詩 見 鄭季景君闕銘 見 孫根碑 見 綏民尉熊君碑

宴 伊甸切 宴 華山亭碑 宴 衷良碑

燕 燕 唐公房碑

縣 熒絹切 縣 華山亭碑 縣 吳仲山碑 縣 張壽碑 縣 孟郁脩堯廟碑 縣 無極山碑

縣 老子銘 縣 孔宙碑 縣 孔耽碑後學 縣 王稚子闕碑 縣 堯廟碑陰

徧 卑見切 徧 魏受禪表 徧 華山廟碑

三十三線

羨 似面切 羨 魏脩孔子廟碑 羨 老子銘 羨 圉令趙君碑 羨 綏民尉熊君碑

賤 才線切 賤 婁壽碑

旋 隨戀切 旋 周公禮殿記 㳬 周憬功勳銘

戰 之膳切 戰 樊安碑 戰 李翕坂碑 戰 周公禮殿記 戰 楊統碑

繕 時戰切 繕 唐公房碑 繕 華山亭碑 繕 樊毅復民租碑 繕 孟郁脩堯廟碑

膳 膳 橫海呂將軍碑

擅 擅 孔廟置卒史碑

禪 禪帝堯碑 禪唐扶頌

墠 墠孟郁脩堯廟碑 墠帝堯碑 墠范式碑

轉 株戀切 轉侯成碑

戀 龍眷切 戀唐扶頌 戀雍勸闕碑

譴 詰戰切 譴靈臺碑

掾 俞絹切 掾 楊著碑 掾 李翕坂碑 掾 孔廟置卒史碑 掾 何君閣道碑 掾 華山亭碑

掾 逢盛碑 掾 建平郫縣碑

彥 魚戰切 彥 郭仲奇碑 彥 劉熊碑陰 彥 楊震碑陰 彥 殽阬君碑陰 彥 北海相景君碑

諺 諺 無名碑陰題名

援 于眷切 援 州輔碑

媛

媛 樊安碑

睠 古倦切

睠 馬江碑

卷

卷 劉熊碑

倦 逵眷切

倦 劉寬碑

倦 孟郁脩堯廟碑

便 毗面切

便 孟郁脩堯廟碑

面 彌箭切

面 石經尚書

面 李翕西狹頌

變 彼卷切

變 石經尚書

變 周公禮殿記

變 費汎碑

變 史晨祠孔廟銘

變 靈臺碑

變 楊統碑

卞 皮變切

下 孔廟置卒史碑

下 楊淮碑

下 景君碑陰

三十四嘯

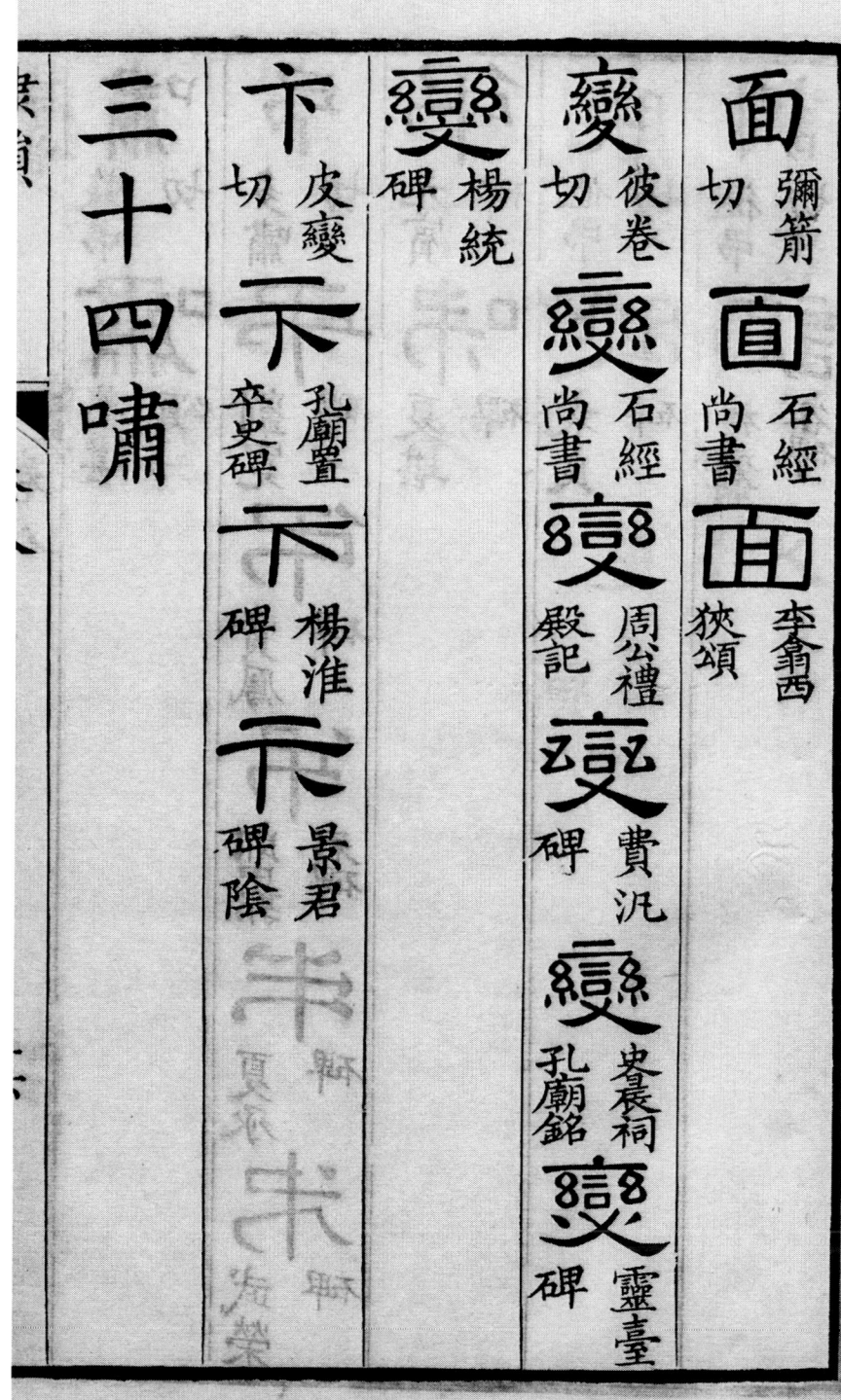

嘯 蘇弔切 嘯 蔡湛頌

弔 多嘯切 弔 劉寬碑 弔 費鳳碑 弔 郎中郭君碑 弔 夏承碑 弔 武榮碑

弔 元賓碑 吊 夏堪碑

眺 他弔切 眺 衷良碑

調 徒弔切 調 楊君斜谷碑

料 力弔切 㪷 魏受禪表 𥺊 度尚碑

叫 吉弔切 𠮣 楊著碑 叫 繁陽令楊君碑

三十五笑

笑 仙妙切 咲 王政碑

肖 𦙶 孫叔敖碑陰

醮 子肖切 醮 三公山碑 醮 無極山碑

少 失照切 少 繁陽令楊君碑

照 之笑切亦作炤 照 丁魴碑 炤 譙敏碑 照 郭禧碑

詔 詔 石經論語 詔 詔賜功臣冢字 詔 孟郁脩堯廟碑 詔 魏尊號奏碑 詔 孔廟置卒史碑

詔 楊著碑

邵 實照切　邵 張納功德叙　邵 北海相景君碑　邵 唐公房碑　邵 靈臺碑陰

劭　劭 劉寬後碑陰

召 直笑切　召 石經尚書　召 戚伯著碑　召 魯峻碑

燿 弋笑切亦作曜　燿 楊震碑　燿 苑鎮碑　燿 孔廟禮器碑　燿 史晨祠孔廟銘　曜 鄭烈碑

曜　曜 李翊碑　曜 韓勑碑陰　曜 袁良碑

要 一笑切 要 孟郁脩堯廟碑 要 建平郫縣碑

妙 彌笑切 妙 郭仲奇碑 妙 馮煥碑陰 妙 劉熊碑 妙 孟郁脩堯廟碑

廟 眉召切 廟 楊統碑 廟 孔廟置卒史碑 廟 周公禮殿記

俵 方廟切 俵 孟郁脩堯廟碑

三十六效

效 胡孝切　效 魯峻碑　效 劉熊碑　㝟 吴仲山碑　效 孟郁脩堯廟碑　效 丁魴碑

效 史晨祠孔廟銘　效 李翊碑　效 唐公房碑

校　校 郙閣頌　校 楊淮碑　校 馮緄碑　校 楊君斜谷碑

孝 許教切　孝 高頤闕碑　孝 孔廟置卒史碑　孝 夏承碑　孝 北海相景君碑　孝 梁休碑

教 居效切　教 孟郁脩堯廟碑　教 殽阬君碑　教 孔宙碑　教 孫根碑　教 唐公房碑

教 孔廟置卒史碑 教 繁陽令楊君碑 教 張納功德敘 教 史晨祠孔廟銘

豹 布校切 豹 魏石經左傳 豹 劉寬碑 豹 魯峻碑 豹 魏尊號奏碑 豹 蔡湛頌

貌 眉教切 貌 老子銘

三十七號

號 後到切 號 唐扶頌 號 郙閣頌

好 虛到切 好 劉熊碑 好 繁陽令楊君碑 好 孫根碑 好 鄭固碑 好 唐扶頌

誥 居号切 誥 張平子碑

告 石經公羊 告 楊著碑 告 桐栢廟碑 告 夏承碑 告 孔宙碑

奧 於到切 奧 孔廟禮器碑 奧 唐扶頌 奧 靈臺碑 奧 張平子碑

報 博冒切 報 孔廟置卒史碑 報 白石神君碑 報 孫叔敖碑 報 華山廟碑 報 殽阬君碑

報 史晨祠孔廟銘　報 吳仲山碑　報 魯峻碑　報 帝堯碑　報 樊毅脩華嶽碑　報 李翊碑

暴 薄報切　暴 校官碑　暴 殽阬君碑　暴 李翕西狹頌　暴 張納功德叙

冒 莫報切　冒 燕然銘

耄　耄 陳寔壇碑

譟 先到切　譟 魏大饗碑

埽 埽 燕然銘

操 七到切 操 劉寛後碑 操 費鳳碑陰 操 李翊碑 操 靈臺碑 操 楊震碑陰

操 魯峻碑 操 緐民尉熊君碑

造 造 李翕西狹頌

漕 在到切 漕 張納功德叙

到 刀号切
到 馮緄碑
到 李翊碑
到 夏承碑
到 史晨祠孔廟銘
到 孔廟置卒史碑

到 費鳳碑
到 羊竇道碑

導 大到切
導 郙閣頌
導 吳仲山碑
導 劉寬碑
導 唐扶頌

盜
盜 唐扶頌
盜 羊竇道碑

悼
悼 繁陽令楊君碑
悼 張納功德敘
悼 逄盛碑

蹈

蹈 郭究碑 蹈 孔耽神祠碑 蹈 北海相景君碑 蹈 太僕荀君碑

三十八箇

賀 何佐切

賀 校官碑 賀 漢鏡銘

佐 子賀切

佐 楊統碑陰 佐 羊竇道碑 佐 夏承碑 佐 樊毅復民租碑

三十九過

過 古臥切
過 石經論語
過 李翕西狹頌
過 郙閣頌
過 王純碑
過 馮煥碑陰
過 曹騰碑陰
過 羊竇道碑
過 馮緄碑
過 楊君斜谷碑

播 補過切
播 蔡湛頌
播 平都侯蔣君碑
播 魏受禪表
播 孔宙碑
播 横海呂將軍碑
播 劉寬碑陰
播 朱龜碑

破 普過切
破 袁良碑
破 孫叔敖碑
破 李翕西狹頌
破 王君石路碑

挫 祖臥切
挫 蔡湛頌

坐 祖臥切
坐 石經儀禮
坐 四老神柞机碑
坐 甄居識坐板函
坐 史晨祠孔廟銘
坐 孫根碑

坐 馮緄碑

貨 呼臥切
貨 李翕西狹頌
貨 陳度碑

四十禡

霸 必駕切
霸 魏尊號奏碑
霸 侯成碑
霸 魯峻碑
霸 樊敏碑

借 子夜切
借 武梁畫像碑

謝 詞夜切
謝 樊毅脩華嶽碑
謝 義井碑陰
謝 楊震碑陰
謝 桐柏廟碑
謝 衷良碑

舍 式夜切
舍 鄭子真舍宅碑

赦
赦 魏受禪表
赦 孔廟後碑題名

射 神夜切
射 帝堯碑
射 周憬功勳銘

詐 側駕切
詐 李翕西狹頌

夜 寅謝切
夜 史晨祠孔廟銘
夜 孫根碑
夜 桐栢廟碑
夜 吳仲山碑

暇 亥駕切
暇 張納功德敘
暇 孔彪碑
暇 楊著碑

夏
夏 石經論語
夏 魯峻碑
夏 樊毅脩華嶽碑
夏 吳仲山碑
夏 周憬功勳銘

夏 劉寬碑陰 夏 李翕坂碑 夏 唐公房碑 夏 孔宙碑 夏 郭究碑 夏 張納碑陰

駕 居訝切 駕 孟郁脩堯廟碑 駕 李翕坂碑 駕 楊著碑

架 架 孫叔敖碑

稼 稼 楊君斜谷碑 稼 費汎碑

亞 衣駕切 亞 費鳳碑陰 亞 逢盛碑 亞 樊毅脩華嶽碑

華 胡化切

華 華山亭碑 華 劉寬後碑 華 華山廟碑 華 劉寬碑

化 火跨切

化 富春丞張君碑 化 夏承碑 化 北海相景君碑 化 唐扶頌 化 綏民尉熊君碑

化 帝堯碑

跨 枯化切

跨 燕然銘 跨 袁良碑

四十一漾

羕 餘亮切 羕 應酬題名碑 羕 鄱陽楊君碑陰

養 養 北海相景君碑 養 張納功德敘

訪 敷亮切 訪 孫根碑 訪 孫叔敖碑陰

望 無放切 望 鄱陽令楊君碑 望 楊統碑 望 費鳳碑陰 望 史晨饗孔廟碑 望 綏民尉熊君碑

望 孫根碑 望 雍勸闕碑 望 華山廟碑 望 武梁畫像碑

相 息將切 相 石經尚書 相 老子銘 相 周憬功勳銘 相 孔廟置卒史碑

匠 疾亮切 匠 鄭烈碑 匠 馮緄碑 匠 衷良碑 匠 魏尊號奏碑

向 式亮切 向 張納功德敍 向 北海相景君碑

唱 尺亮切 唱 周憬功勳銘

障 之亮切 障 楊統碑 障 孫叔敖碑

尚 時亮切
尚 石經魯詩
尚 楊震碑
尚 劉寬碑陰
尚 郙閣頌

上
上 石經儀禮
上 綏民尉熊君碑
上 楊著碑

壯 側亮切
壯 孔從事碑
壯 周憬功勳銘
壯 鄭烈碑

創 楚亮切
創 苑鎮碑
創 李翕西狹頌

愴
愴 李翊碑
愴 孫根碑
愴 戚伯著碑

狀 助亮切 狀 羊竇道碑 狀 孔廟置卒史碑 狀 費汎碑 狀 樊毅復民租碑

帳 知亮切 帳 斥彰長碑 帳 馮煥碑陰

暢 丑亮切 暢 鄭烈碑

鬯 鬯 劉熊碑

杖 登亮切 杖 石經論語 杖 州輔碑 杖 費鳳碑

諒 力讓切亦作亮 亮 石經尚書 諒 劉寬碑 亮 韓勑碑陰 亮 孟郁脩堯廟碑 亮 劉熊碑陰

亮 魏大饗碑

兩 兩 郙閣頌

況 許放切 況 袁良碑

四十二宕

宕 徒浪切 宕 張納碑陰

盪 他浪切 盪 魏元丕碑

閬 郎宕切 閬 張納碑陰

喪 四浪切 喪 楊著碑 喪 劉寬後碑 喪 平都侯蔣君碑 喪 楊淮碑 喪 夏承碑

喪 魯峻碑 喪 堯廟碑陰

葬 則浪切 葬 石經公羊碑 葬 馮緄碑 葬 張表碑 葬 靈臺碑 葬 劉寬碑

亢 口浪切 亢 元賓碑 亢 鄭烈碑 亢 華山亭碑

伉 伉 楊震碑陰 伉 楊君斜谷碑

曠 苦謗切 曠 魏尊號奏碑 曠 魯相謁孔廟碑 曠 華山亭碑 曠 劉熊碑 曠 綏民尉熊君碑

絖 絖 祝睦後碑

壙 壙 武班碑

謗 補曠切 謗 戚伯著碑

四十三映

競 渠映切 競 劉寬後碑 競 孫根碑 競 華山亭碑 競 楊震碑

慶 丘正切 慶 樊毅脩華嶽碑 慶 帝堯碑 慶 唐扶頌 慶 靈臺碑 慶 桐栢廟碑

行 胡孟切 行 國令趙君碑 行 北海相景君碑

横 戶孟切 横 戚伯著碑

孟 莫更切 孟 殽阬君碑陰 孟 孟郁脩堯廟碑 孟 樊毅脩華嶽碑 孟 鄭固碑 孟 靈臺碑

孟 劉熊碑 孟 江原長進德碣 孟 景君碑陰 孟 羊竇道碑 孟 孔廟後碑題名 孟 尉氏鄭君碑陰

病 皮命切 病 北海相景君碑 病 衷良碑 病 馮緄碑 病 孫叔敖碑 病 楊著碑

病 孔彪碑

命 眉病切

命 石經尚書

命 魏石經左傳

命 金恭碑

命 帝堯碑

命 樊毅脩華嶽碑

命 孫根碑

命 綏民尉熊君碑

命 周憬功勳銘

命 鄭三益碑

詠 爲命切亦作咏

詠 元賓碑

詠 北海相景君碑

詠 孔彪碑

詠 李翕西狹頌

咏 孔廟禮器碑

詠 郙閣頌

四十四諍

諍 側迸切　諍 唐扶頌

迸 北諍切　迸 唐扶頌　迸 孔彪碑

四十五勁

敻 翾正切　敻 張表碑　敻 燕然銘

併 卑正切
併 真道家碑

聘 匹正切
聘 孔彪碑
聘 史晨祠孔廟銘

娉
娉 樊敏碑
娉 戚伯著碑
娉 夏堪碑

性 息正切
性 周憬功勳銘
性 許戫夫人碑
性 孫根碑
性 戚伯著碑
性 劉熊碑陰

性 費鳳碑陰
性 夏承碑
性 孟郁脩堯廟碑

姓

姓 孟郁脩堯廟碑

姓 曹騰碑陰

姓 夏承碑

姓 老子銘

姓 羊竇道碑

姓 孫根碑

姓 靈臺碑

靚 疾正切

靚 劉寬碑陰

聖 式正切

聖 石經論語

聖 孟郁脩堯廟碑

聖 靈臺碑

聖 孫根碑

聖 周憬功勳銘

聖 孔從事碑

聖 鄭固碑

聖 唐扶頌

正 之盛切
正 石經尚書
正 楊著碑
正 夏承碑
正 老子銘
正 苑鎮碑
正 馮緄碑
正 華山亭碑
正 唐扶頌

政
政 劉寬碑陰
政 劉脩碑
政 馮緄碑
政 費汎碑
政 孔廟置卒史碑
政 周憬功勳銘
政 靈臺碑
政 鄭固碑
政 孫叔敖碑
政 楊統碑
政 張納功德敘

盛 時正切
盛 逢盛碑
盛 魯峻碑
盛 靈臺碑
盛 羊竇道碑
盛 綏民尉熊君碑

盛 楊著碑 盛 張納碑陰

鄭 直正切 鄭 石經公羊 鄭 魏石經左傳 鄭 元賓碑 鄭 唐公房碑陰 鄭 鄭子真舍宅碑

鄭 帝堯碑 鄭 鄭三益碑

令 力正切 令 高頤闕碑 令 王稚子闕碑 令 平輿令薛君碑 令 元賓碑 令 張納功德叙

令 孫叔敖碑 令 樊毅復民租碑 令 北海相景君碑 令 馮煥神道碑 令 夏承碑 令 緜竹王君神道

令 無極山碑
令 孫根碑
令 孔廟置卒史碑
令 綏民尉熊君碑
令 樊毅脩華嶽碑

敬 居慶切
敬 石經尚書
敬 孔從事碑
敬 北海相景君碑
敬 劉熊碑陰
敬 孟郁脩堯廟碑

敬 魯峻碑
敬 楊統碑陰
敬 華山亭碑

竟
竟 魯峻碑
竟 曹騰碑陰
竟 袁良碑
竟 張納功德叙

鏡
鏡 魏大饗碑
鏡 孔廟禮器碑
鏡 周憬功勳銘

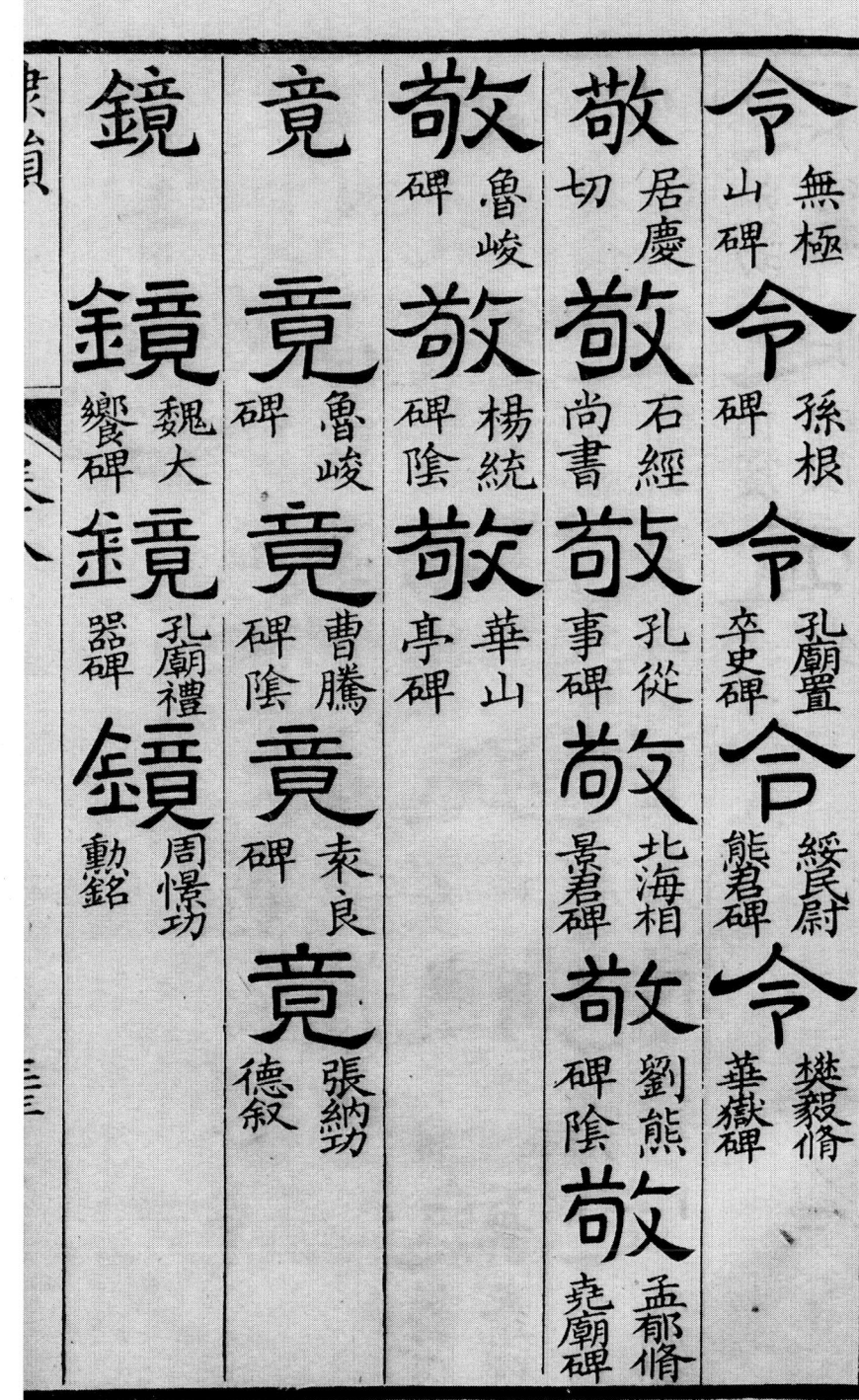

四十六徑

磬 詰定切 磬 石經論語 磬 孔彪碑 磬 校官碑 磬 孔廟禮器碑

聽 他定切 聽 石經尚書 聽 靈臺碑 聽 楊君斜谷碑 聽 孔宙碑 聽 樊毅復民租碑

定 徒徑切 定 侯成碑 定 孫根碑 定 孔廟禮器碑 定 周憬功勳銘 定 史晨祠孔廟銘

定 張納功德敘 定 楊震碑陰 定 老子銘

寗乃定切 甯觴豆碑陰 甯劉寬碑陰 甯景君碑陰

佞 佞楊震碑 佞魯峻碑

四十七證

勝詩證切 勝劉熊碑陰 勝度尚碑 勝張納功德敘

乘石證切 乘武梁畫像碑

媵 以證切 媵 石經儀禮

應 於證切 應 樊毅脩華嶽碑 應 帝堯碑 應 孟郁脩堯廟碑 應 戚伯著碑 應 史晨祠孔廟銘

四十八嶝

鄧 唐亘切 鄧 繁陽楊君碑陰 鄧 桐栢廟碑

蹬 蹬 蔡湛頌

贈昨亘切 贈劉寬碑 贈樊安碑

亘居鄧切 亘燕然銘

四十九宥

又爰救切 又周憬功勳銘

右亦作佑 右王君路碑 右張納碑陰 右張公神碑 右夏承碑 右華山亭碑

右 馮緄碑 佑 繁陽令楊君碑

祐 祐 楊震碑陰 祐 北海相景君碑 祐 桐柏廟碑 祐 孫根碑 祐 孔廟禮器碑

祐 孔從事碑 祐 楊統碑陰

●

救 居又切 救 郙閣頌 救 楊震碑陰 救 周公禮殿記

究 究 李翊碑 究 羊竇道碑 究 楊淮碑 究 吳仲山碑 究 楊震碑

究 丁魴碑
究 樊毅脩華嶽碑

疚 疚 袁良碑
疚 孫根碑

廄 廄 橫海呂將軍碑

舊 巨救切
舊 石經尚書
舊 元賓碑
舊 華山亭碑
舊 張納功德敘
舊 史晨祠孔廟銘
舊 樊毅脩華嶽碑
舊 孔廟禮器碑
舊 羊竇道碑

隸韻　卷八

柩 柩 費鳳碑 柩 夏堪碑

柚 余救切 柚 張納功德叙

副 敷救切 副 費鳳碑 副 孟郁脩堯廟碑 副 楊統碑 副 横海將軍碑 副 繁陽楊君碑陰

富 方副切 富 石經論語 富 孫叔敖碑 富 靈臺碑

秀 息救切 秀 孔彪碑 秀 張納功德叙 秀 逢盛碑 秀 樊毅脩華嶽碑

繡　繡校官碑　繡劉寬碑陰　繡衷良碑

就疾僦切　就石經尚書　就李翕西狹頌　就孔宙碑　就何君閣道碑　就孟郁脩堯廟碑

就華山亭碑　就江原長進德碣　就夏承碑　就王君石路碑　就任君殘碑陰　就孫根碑

狩舒救切　狩張平子碑　狩楊君斜谷碑

獸　獸石經論語　獸樊毅脩華嶽碑　獸孔耽神祠碑　獸唐公房碑

授 承呪切
授 孟郁脩堯廟碑
授 劉熊碑
授 靈臺碑
授 繁陽令楊君碑
授 唐扶頌

授 北海相景君碑

綬
綬 劉寬碑
綬 侯成碑
綬 樊安碑
綬 馮緄碑
綬 堯廟碑陰

壽
壽 婁壽碑
壽 老子銘
壽 羊竇道碑
壽 北海相景君碑
壽 張表碑

壽 孫根碑
壽 靈臺碑
壽 督郵斑碑
壽 脩孔廟後碑
壽 周憬功勳銘
壽 魏石經左傳

晝 陟救切 晝 桐柏廟碑

胄 直又切 胄 楊震碑 胄 孫根碑 胄 靈臺碑 胄 張納功德叙

宙 宙 孔宙碑

五十候

侯 胡茂切 侯 李翊碑 侯 交阯沈君神道 侯 繁陽令楊君碑 侯 王純碑

后

后 石經尚書

后 逢盛碑

后 周憬功勳銘

后 華山亭碑

后 鄭固碑

后 張表碑

后 曹騰碑陰

逅

逅 吳仲山碑

後

後 石經公羊

後 老子銘

後 靈臺碑

後 武梁畫像碑

後 綏民尉熊君碑

後 夏承碑

後 帝堯碑

後 孫根碑

後 張納碑陰

後 楊著碑

寇 丘候切 寇 郙閣頌 寇 劉寬碑 寇 張納功德敘 寇 校官碑 寇 劉熊碑陰

寇 費鳳碑陰

扣 扣 劉脩碑

戊 莫候切 戊 梁休碑 戊 華山亭碑 戊 侯鉦銘字 戊 無極山碑

茂 茂 楊統碑 茂 孟郁脩堯廟碑 茂 鄭烈碑 茂 秦頡碑 茂 劉熊碑陰

茂 苑鎮碑 茂 戚伯著碑

楙 楙 魏尊號奏碑

袤 袤 何君閣道碑

奏 則候切 奏 魏大饗碑 奏 靈臺碑 奏 魯峻碑 奏 張納碑陰

豆 大透切 豆 司空殘碑 豆 魏脩孔子廟碑

梪

梪 孔廟禮器碑

竇

竇 羊竇道碑

漏 郎豆切

漏 魏尊號奏碑

陋

陋 魏尊號奏碑

陋 鄭令景君闕銘

陋 鄭固碑

鏤

鏤 鄭烈碑

鏤 張表碑

搙 乃豆切 槈 孔宙碑

五十一幼

幼 伊謬切 幼 劉寬碑陰 幼 華山亭碑 幼 侯成碑 幼 孔從事碑 幼 殽阬君碑陰 幼 樊安碑

謬 靡幼切 謬 督郵斑碑

繆 繆郎中郭君碑

五十二沁

浸子鴆切 浸孟郁脩堯廟碑

甚時鴆切 甚魏尊號奏碑 甚樊毅復民租碑 甚費鳳碑陰 甚曹騰碑陰 甚司空殘碑

甚處士嚴發碑 甚郙閣頌 甚堯廟碑側

任 汝鴆切 任 北海相景君碑

識 楚禁切 識 張平子碑 識 孔廟禮器碑 識 老子銘 識 譙敏碑

譖 側禁切 譖 楊震碑 譖 曹騰碑陰

禁 居廕切 禁 鄭烈碑 禁 繁陽令楊君碑

廕 於禁切 廕 魏大饗碑 廕 楊君斜谷碑

五十三勘

紺 古暗切 紺 殽阬君碑

闇 烏紺切 闇 靈臺碑

探 他紺切 探 范式碑 探 張平子碑

五十四闞

闞 苦濫切 闞 馮煥碑陰

暫 昨濫切 暫 燕然銘 暫 樊毅脩華嶽碑

擔 都濫切 擔 鄭烈碑

啖 徒濫切 啖 唐公房碑

淡 淡 衡方碑

澹 澹 祝睦碑 澹 唐扶頌 澹 劉脩碑

五十五豔

豔 以贍切 豔 張納功德叙

厭 於豔切 厭 樊毅脩華嶽碑 𡋯 繁陽令楊君碑

猒 猒 婁壽碑

槧 七豔切 漸 劉寬碑陰

襜 昌豔切 襜 督郵斑碑 襜 吳仲山碑

贍 時豔切 贍 鄭烈碑

五十六㮇

墊 都念切 墊 張納碑陰

念 奴玷切 念 石經尚書 念 張納功德叙 念 孔廟禮器碑 念 郙閣頌 念 史晨祠孔廟銘

念 楊統碑

僭 子念切 僭 苑鎮碑 僭 老子銘

五十七釅

驗 魚欠切 驗 孟郁脩堯廟碑

劒 居欠切 劒 魏大饗碑 劒 衷良碑

五十八陷

陷 乎韽切 陷 曹騰碑陰 陥 樊敏碑

臽 臽 李翕西狹頌 臽 李翕坂碑

五十九鑑

鑑居陷切 鑒孔彪碑 鍳郭究碑 鑒華山亭碑

監 監石經尚書 監孟郁脩堯廟碑

六十梵

梵扶泛切 梵衛彈碑

泛浮梵切亦作汎 泛劉寬碑陰 汎費汎碑

隸韻卷第八終

隸韻 卷九

隸韻卷第九

入聲上

一屋　二沃

三燭　四覺

五質　六術

七櫛　八勿

九迄　十月

十一沒　十二曷

十三末　十四黠

十五鎋　十六屑

十七薛

一屋

屋 烏谷切 屋 華山亭碑 屋 李翊碑 屋 靈臺碑 屋 孫叔敖碑 屋 樊毅脩華嶽碑

哭 空谷切 哭 侯成碑 哭 鄭固碑

穀 古祿切 穀 石經論語 穀 孔彪碑 穀 祝睦後碑 穀 劉寬碑陰 穀 武梁畫像碑

穀樊毅脩華嶽碑 穀蔡湛頌 穀唐公房碑 穀是邦雄桀碑 穀張納功德敘 穀繁陽令楊君碑

榖靈臺碑 榖孔廟後碑題名

轂 轂燕然銘

谷 谷周憬功勳銘 谷楊君斜谷碑 谷唐公房碑 谷羊竇道碑 谷斜谷典匠題名

縠胡谷切 縠魏石經左傳

斛 斛樊毅復民租碑 斛繁陽令楊君碑

卜博木切 卜劉寬碑陰 人靈臺碑 卜費鳳碑

僕步木切 僕魏尊號奏碑 僕戚伯著碑 僕楊震碑

木莫卜切 木桐柏廟碑 木綏民尉熊君碑 木五瑞碑 木張公神碑

沐 沐魏尊號奏碑 沭楊震碑陰

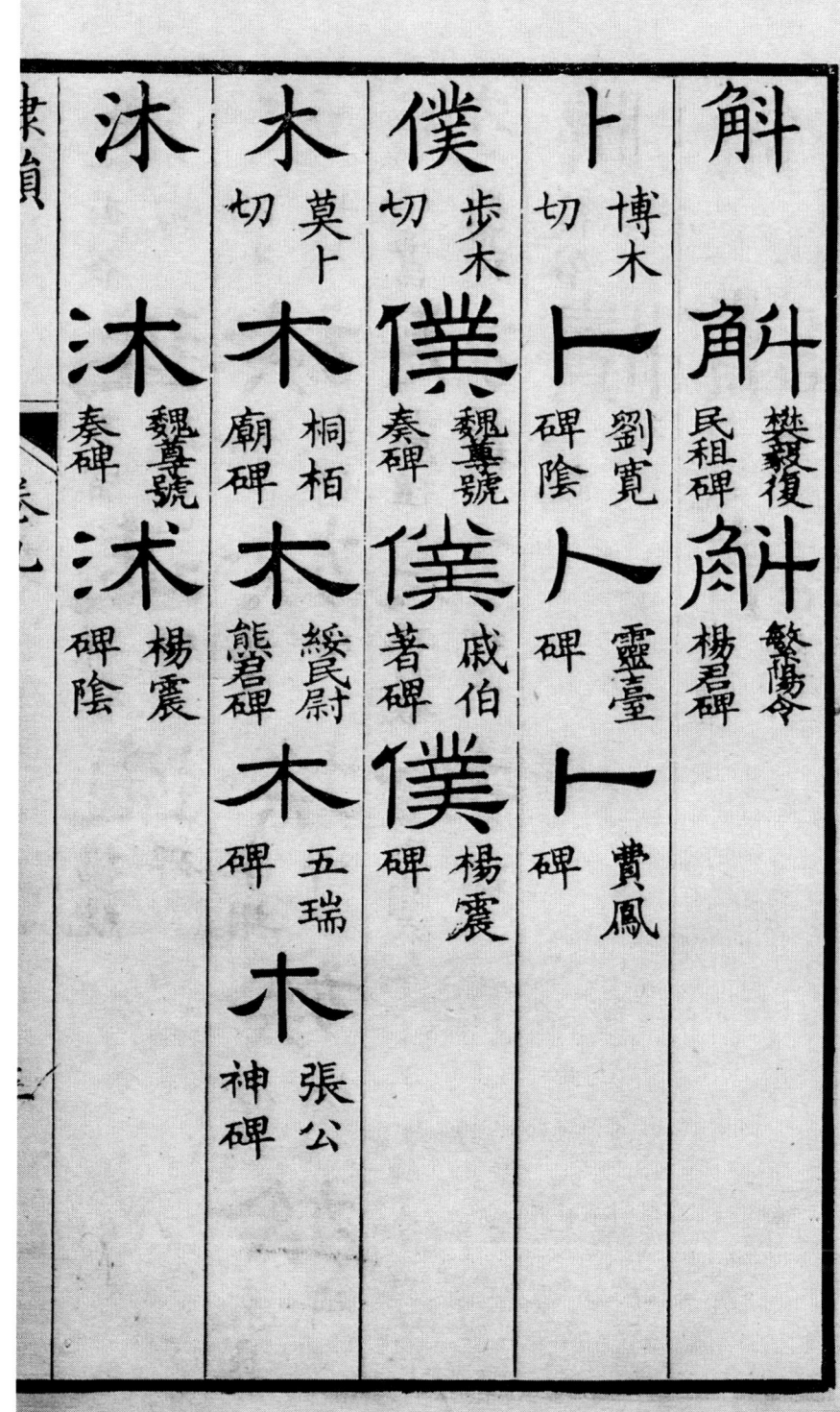

速 蘇谷切　速 孔宙碑　速 孫根碑　速 楊統碑

族 昨木切　族 孫叔敖碑　族 元賓碑　族 李翊碑　族 唐扶頌　族 袁良碑

族 橫海呂將軍碑　族 孔廟禮器碑　族 孫叔敖碑陰　族 李翊夫人碑

牘 徒谷切　牘 王純碑

讀　讀 魏尊號奏碑　讀 周公禮殿記

瀆 瀆桐柏廟碑 瀆樊毅脩華嶽碑 瀆李翕西狹頌

獨 獨樊毅脩華嶽碑 獨魯峻碑 獨鄭固碑 獨劉熊碑 獨孔廟禮器碑

祿盧谷切 祿魏尊號奏碑 祿戚伯著碑 祿費鳳碑 祿華山亭碑 祿樊毅脩華嶽碑

祿夏承碑 祿老子銘

漉 漉費鳳碑 漉郙閣頌

麓 麓 燕然銘

鹿 鹿 帝堯碑 鹿 五瑞碑 鹿 孔宙碑 鹿 靈臺碑 鹿 孔廟禮器碑

角 角 四老神祚机碑

福 方六切 福 孟郁脩堯廟碑 福 華山亭碑 福 魯相謁孔廟碑 福 桐栢廟碑 福 苑鎮碑

福 樊毅脩華嶽碑 福 綏民尉熊君碑

腹 腹 鄭固碑 腹 唐公房碑

復 復 帝堯碑 復 孟郁脩堯廟碑 復 史晨祠孔廟銘 復 戚伯著碑 復 樊毅脩華嶽碑

復 樊安碑 復 唐扶頌 復 張納功德叙 復 楊著碑

覆 芳六切 覆 李翕西狹頌 覆 樊毅復民租碑 覆 孟郁脩堯廟碑

伏 房六切 伏 北海相景君碑 伏 周憬功勳銘 伏 老子銘 伏 費鳳碑 伏 孔彪碑

伏 史晨祠孔廟銘　伏 樊安碑

服　服 石經論語　服 唐扶頌　服 魯峻碑　服 靈臺碑　服 樊毅脩華嶽碑

服 孫根碑　服 武梁畫像碑

馥　馥 張表碑　馥 斥彰長碑　馥 孔從事碑

目 莫六切　目 靈臺碑

睦
睦 魏尊號奏碑
睦 平都侯蔣君碑
睦 周憬功勳銘
睦 祝睦碑

牧
牧 魯峻碑
牧 高彪碑
牧 平都侯蔣君碑
牧 夏承碑
牧 綏民尉熊君碑

牧 李翕西狹頌
牧 費鳳碑

穆
穆 張納功德敘
穆 周憬功勳銘
穆 祝睦後碑
穆 費汎碑
穆 綏民尉熊君碑

穆 夏承碑
穆 孔廟禮器碑
穆 楊震碑
穆 李翊夫人碑

肅 息六切
肅 華山亭碑
肅 司馬季德碑
肅 三公山碑
肅 孔從事碑
肅 樊毅復民租碑

肅 桐柏廟碑
肅 夏承碑
肅 史晨祠孔廟銘
肅 張納功德叙
肅 唐扶頌
肅 徐氏紀產碑

肅 劉寬後碑

夙
夙 張納功德叙
夙 孔宙碑
夙 史晨祠孔廟銘
夙 孫根碑
夙 北海相景君碑

夙 夏承碑

宿 宿 石經論語 宿 北海相景君碑 宿 劉曜碑 宿 李翕西狹頌 宿 樊毅復民租碑

叔 式竹切 叔 楊著碑陰 叔 公乘伯喬題名 叔 華山亭碑 叔 唐扶頌 叔 戚伯著碑

叔 繁陽令楊君碑 叔 劉寬後碑陰 叔 夏堪碑

倏 倏 費鳳碑陰

祝 之六切 祝 孟郁脩堯廟碑 祝 馮煥碑陰 祝 孔廟置卒史碑 祝 費鳳碑陰 祝 唐公房碑陰

粥 粥 王純碑

孰 神六切 孰 石經論語 孰 繁陽令楊君碑 孰 孫根碑 孰 老子銘 孰 靈臺碑

孰 華山亭碑

淑 淑 樊安碑 淑 張納功德叙 淑 夏堪碑 淑 朱龜碑 淑 馬江碑

肉 而六切 肉 史晨饗孔廟碑

縮 所六切
縮 孫根碑
縮 仲秋下旬碑

謖
謖 帝堯碑

竹 張六切
竹 劉熊碑
竹 縣竹王君神道
竹 孫叔敖碑
竹 張壽碑

竺
竺 觴豆碑陰
竺 平輿令薛君碑

築
築 魏大饗碑
築 吳仲山碑
築 周公禮殿記

莸 玧苑鎮碑

蓄敕六切 蓄北海相景君碑 蓄孫叔敖碑 蓄苑鎮碑 蓄費鳳碑

稸 稸衡立碑

逐仲六切 逐魏大饗碑

六力竹切 六石經尚書 六唐公房碑 六桐栢廟碑 六夏承碑

陸 陸 朱龜碑 陸 韓勑碑陰

蓼 蓼 魯峻碑

戮 戮 楊統碑

勠 勠 費汎碑

育 余六切 亦作毓 育 魏受禪表 育 靈臺碑 育 孫根碑 育 秦頡碑 育 李翊夫人碑

育 逢盛碑 毓 劉寬碑陰 毓 張納功德叙 毓 鄭固碑 毓 元賓碑 毓 繁陽令楊君碑

毓 史晨祠孔廟銘

昱 昱 魏尊號奏碑

煜 煜 雍勸闕碑

畜 許六切 畜 孔耽碑後字 畜 唐公房碑

慉 慉 脩孔廟後碑

鞠 居六切 鞠 繁陽楊君碑陰 鞠 北海景君碑陰

彧 乙六切 彧 譙敏碑

郁 郁 劉熊碑陰 郁 孟郁脩堯廟碑

二沃

鵠 胡沃切 鵠 劉熊碑陰

酷 枯沃切 酷 魯峻碑 酷 鄐閣頌 酷 許戫夫人碑

篤 都毒切 篤 楊著碑 篤 州輔碑陰 篤 戚伯著碑 篤 夏承碑 篤 太僕荀君碑 篤 張納功德叙 篤 周憬功勳銘 篤 秦頡碑

督 督 斥彰長碑 督 魯峻碑 督 靈臺碑陰 督 羊竇道碑 督 綏民尉熊君碑

晳 馮緄碑 晳 夏承碑

毒 徒沃切 毒 楊君斜谷碑 毒 斥彰長碑

三燭

燭 朱欲切 燭 朱龜碑 燭 鄭烈碑

束 輸玉切 束 孔彪碑 束 孫根碑 束 金恭碑 束 劉熊碑 束 綏民尉熊君碑

觸 樞玉切 觸 魏尊號奏碑 觸 三公山碑 觸 耆長祠孔廟銘 觸 老子銘

蜀 殊玉切 蜀 孔廟置卒史碑 蜀 江原長進德碣 蜀 何君閣道碑 蜀 羊竇道碑

屬 屬 張表碑 屬 劉寬碑陰 屬 帝堯碑 屬 李翕西狹頌 屬 孟郁脩堯廟碑

屬 李翊碑 屬 華山亭碑 屬 戚伯著碑 屬 老子銘 屬 楊統碑

贖 神蜀切 贖 費鳳碑 贖 楊統碑 贖 平輿令薛君碑

辱 儒欲切 辱 石經論語 辱 魏上尊號奏碑

粟 須玉切 粟 李翕西狹頌 粟 孫根碑 粟 横海吕將軍碑

促 趨玉切 促 李翕西狹頌 促 樊安碑

足 縱玉切 足 魏上尊號奏碑 足 曹騰碑陰 足 魯峻碑 足 老子銘 足 樊毅脩華嶽碑

足 孫根碑 足 張平子碑

續 祥玉切 續 郯令景君闕銘 續 孔從事碑 續 繁陽令楊君碑 續 鄗閣頌

蕢 蕢 石經魯詩

俗 俗 孟郁脩堯廟碑 俗 周公禮殿記 俗 李翊碑 俗 校官碑 俗 老子銘

俗 繁陽令楊君碑 俗 夏承碑 俗 楊統碑 俗 孔彪碑 俗 秦頡碑

録 龍玉切 録 唐扶頌 録 孔耽碑後字 録 楊震碑

逯

逯 劉寬碑

逯 繁陽楊君碑陰

欲 俞玉切

欲 石經論語

欲 北海相景君碑

欲 吳仲山碑

欲 老子銘

欲 孔廟置卒史碑

欲 靈臺碑

欲 真道冢碑

欲 劉脩碑

欲 唐公房碑

浴

浴 祝睦後碑

曲 區玉切

曲 石經魯詩

曲 斥彰長碑

曲 周公禮殿記

曲 孫叔敖碑

曲 綏民尉熊君碑

玉 虛欲切 玉 史晨祠孔廟銘 玉 周公禮殿記 玉 楊著碑 玉 高直闕碑 玉 楊統碑陰

獄 獄 魏受禪表 獄 唐公房碑 獄 斤彰長碑 獄 張納碑陰

四覺

角 訖岳切 角 樊敏碑 角 逢盛碑 角 劉寬碑 角 劉寬後碑

桷 桷 史晨祠孔廟銘

榷 榷 魯峻碑

較 較 魯峻碑

確 克角切 確 鄭烈碑 確 高彪碑

埆 埆 孫叔敖碑

學 轄覺切 學 石經論語 學 周公禮殿記 學 戚伯著碑 學 劉熊碑陰 學 綏民尉熊君碑

學 楊著碑

渥 乙角切

渥 魏受禪表

握

握 郭究碑

握 孫根碑

握 帝堯碑

幄

幄 魏大饗碑

嶽 逆角切 亦作岳

嶽 樊毅脩華嶽碑

嶽 劉熊碑

嶽 華山亭碑

嶽 孔彪碑

嶽 周憬功勳銘

獄 孔宙碑 獄 衡方碑 獄 宗俱碑 獄 魯峻碑 獄 張表碑

剥 北角切 剥 李翊夫人碑 剥 北海相景君碑 剥 富春丞張君碑 剥 費鳳碑

駮 駇 楊君斜谷碑

樸 匹角切 樸 魏受禪表 樸 劉寬碑

朴 朴 孔宙碑

雹 弼角切 雹 夏堪碑

邈 墨角切 亦作藐 邈 魯峻碑 邈 孔彪碑 邈 費鳳碑陰 邈 鄭烈碑 邈 袁良碑

藐 平輿令薛君碑 藐 楊統碑 藐 燕然銘

朔 色角切 朔 帝堯碑 朔 楊震碑陰 朔 祝睦後碑

數 數 賜馮煥詔 數 堵陽長劉君碑

琢 竹角切
琢 校官碑

卓
卓 孔從事碑
卓 楊君斜谷碑
卓 樊敏碑
卓 劉熊碑陰

涿
涿 孔廟禮器碑
涿 燕然銘
涿 劉寬碑陰
涿 楊著碑陰

逴 敕角切
逴 袁良碑
逴 孔廟禮器碑

濁 直角切
濁 孫叔敖碑
濁 樊毅脩華嶽碑
濁 綏民尉熊君碑

濯

濯 靈臺碑

濯 樊敏碑

擢

擢 孔宙碑

擢 祝睦後碑

擢 繁陽令楊君碑

五質

質 職日切

質 楊統碑

質 平都侯蔣君碑

質 北海相景君碑

質 綏民校尉熊君碑

隲

隲 劉寬碑陰

蛭
蛭 楊君斜谷碑

失 式質切
失 繁陽令楊君碑
失 周憬功勳銘
失 孔宙碑
失 孫根碑
失 劉寬後碑
失 樊安碑

室
室 蔡湛頌
室 夏承碑
室 戚伯著碑
室 楊著碑
室 郎中鄭君碑
室 樊毅脩華嶽碑
室 李翊碑
室 孔宙碑

實 食質切 實 楊震碑 實 樊安碑 實 老子銘 實 孫叔敖碑 實 張表碑

日 入質切 日 石經公羊 日 何君閣道碑 日 綏民尉熊君碑 日 老子銘

率 朔律切 率 孟郁脩堯廟碑 率 樊毅脩華嶽碑 率 唐公房碑 率 丁魴碑 衛 朱龜碑

率 郭仲奇碑

蟀 蟀 石經魯詩

悉 息七切 悉 帝堯碑 悉 袁良碑 悉 張壽碑 悉 督郵班碑

膝 膝 鄭固碑

七 戚悉切 七 石經尚書 七 蔡湛頌 七 巴官鐵盆銘 七 譙敏碑 七 孔廟置卒史碑

漆 漆 孔廟禮器碑

疾 昨悉切 疾 石經尚書 疾 斥彰長碑 疾 夏承碑 疾 楊統碑 疾 馮緄碑

疾 劉寬後碑 疾 張表碑 疾 楊著碑 疾 金恭碑 疾 戚伯著碑 疾 樊安碑

疾 李翊碑

嫉 嫉 楊震碑

必 壁吉切 必 石經論語 必 楊君斜谷碑 必 殽阬君碑 必 樊毅脩華嶽碑

畢 畢 史晨祠孔廟銘 畢 綏民尉熊君碑 畢 楊統碑陰

匹 僻吉切 匹 武榮碑 匹 袁良碑 匹 馮緄碑

比 簿必切 比 費鳳碑

佖 佖 劉熊碑陰

泌 泌 周憬功勳銘

謐 覓畢切 謐 劉寬後碑 謐 張納功德叙

筆 逼密切 筆 張平子碑 筆 劉寬碑 筆 戚伯著碑 筆 王純碑

弼 薄密切 弼 孫根碑 弼 張納功德叙 弼 柳敏碑 弼 楊淮碑 弼 周憬功勳銘

密 莫筆切 密 繁陽楊君碑陰 密 孟郁脩堯廟碑 密 蔡湛頌

窒 陟栗切 窒 脩孔廟後碑

銍 銍 校官碑

秩 直質切 秩 魏尊號奏碑 秩 楊統碑 秩 綏民尉熊君碑 秩 老子銘 秩 北海相景君碑

秩 張納功德叙 秩 孔彪碑・秩 帝堯碑

姪 姪 郭究碑

栗 力質切 栗 柳敏碑

慄 慄 郙閣頌 慄 楊統碑 慄 周憬功勳銘 慄 李翕西狹頌

溧 溧 校官碑

暱 尼質切 暱 孫根碑

逸 弋質切 逸 劉寬碑陰 逸 樊毅脩華嶽碑 逸 費鳳碑陰 逸 橫海呂將軍碑

佚 佚 石經論語 佚 婁壽碑

軼 軼 楊震碑陰

溢 溢 鄘閣頌 溢 孟郁脩堯廟碑

劮 劮 石經尚書

蛣 契吉切 蛣 周憬功勳銘

吉 激質切 吉 靈臺碑 吉 綏民尉熊君碑 吉 老子銘

一 益悉切 一 孔廟置卒史碑

壹 壹 費鳳碑陰

乙 億姑切 乙 孫根碑

六術

術 食律切 術 費鳳碑陰 術 唐公房碑陰 術 綏民校尉熊君碑 術 侯成碑 術 孟郁脩堯廟碑

術 張表碑 術 北海相景君碑 術 王純碑

述

述 楊震碑

述 繁陽令楊君碑

述 費鳳碑

述 張表碑

述 樊毅脩華嶽碑

述 陳寔殘碑

述 李君西坂碑

述 綏民尉熊君碑

述 老子銘

出 尺律切

出 石經尚書

出 魏元丕碑

出 唐扶頌

出 樊毅脩華嶽碑

出 張納功德叙

出 靈臺碑陰

出 孟郁脩堯廟碑

出 劉熊碑

出 周憬功勳銘

恤 雪律切 亦作䘏

䘏 張納功德叙

恤 劉熊碑

䘏 衛彈碑

恤 費鳳碑陰

恤 唐扶頌

戌 戌 周公禮殿記 戌 劉寬碑

卒 節律切 卒 石經公羊 卒 華山亭碑 卒 袁良碑 卒 老子銘 卒 綏民尉熊君碑

卒 夏承碑 卒 斥彰長碑 卒 孔廟置卒史碑 卒 侯成碑

猝 猝 劉衡碑

黜 敕律切 黜 孔彪碑

絀

絀 苑鎮碑 絀 唐扶頌 絀 張表碑

怵

怵 朱龜碑

律 劣戌切

律 蔡湛頌 律 樊敏碑 律 馮緄碑 律 孔彪碑

聿 以律切

聿 石經魯詩 聿 張公神碑

鴥 穴

鴥 費鳳碑陰 內

七櫛

櫛 側瑟切

櫛 魏尊號奏碑

瑟 色櫛切

瑟 石經魯詩

瑟 孔廟禮器碑

八勿

勿 文拂切

勿 石經魯詩

勿 義井碑陰

勿 真道冢碑

詘 詘 孫根碑 詘 劉寬後碑 詘 楊統碑

鬱 紆勿切 鬱 魏尊號奏碑 鬱 周憬功勳銘

蔚 蔚 無極山碑

九迄

迄 許訖切 迄 是邦雄桀碑 迄 李翊碑 迄 周公禮殿記

物　物 孟郁脩堯廟碑　物 夏承碑　物 鄐閣頌　物 魯峻碑

拂 敷勿切　拂 張表碑

髴　髴 史晨饗孔廟碑　髴 魏脩孔子廟碑

弗 分物切　弗 魯峻碑　弗 華山亭碑　弗 孫根碑　弗 北海相景君碑　弗 桐柏廟碑

紼　紼 孟郁脩堯廟碑　紼 李翊碑

乞 欺乙切 乞 魯峻碑 乞 繁陽令楊君碑 乞 樊敏碑 乞 樊毅復民租碑 乞 張納功德叙

乞 武梁畫像碑 乞 無極山碑

訖 居乞切 訖 李翕坂碑

十月

月 魚厥切 月 石經魯詩 月 曹騰碑陰 月 王政碑 月 楊統碑 月 桐栢廟碑

月 羊竇道碑 月 綏民尉熊君碑 月 夏承碑

越 王伐切 越 費鳳碑陰 越 晨饗孔廟碑 越 苑鎮碑 越 孔廟禮器碑 越 州輔碑

越 劉熊碑 越 司空孔君碑

鉞 鉞 魏大饗碑 鉞 白石神君碑 鉞 張納功德敘

曰 石經尚書 曰 楊著碑 曰 樊毅脩華嶽碑 曰 婁壽碑 曰 孔廟置卒史碑

粤 粤 魏石經左傳 粤 范式碑 粤 仲秋下旬碑 粤 劉寬後碑 粤 唐扶頌

闕 止月切 闕 東海廟碑 闕 武榮碑 闕 董恢闕碑

厥 居月切 厥 石經尚書 厥 樊敏碑 厥 靈臺碑 厥 楊淮碑 厥 楊君斜谷碑

厥 北海相景君碑

蹶 蹷 周憬功勳銘

竭 其謁切 竭 華山亭碑 竭 孔廟禮器碑 竭 唐扶頌 竭 楊君斜谷碑 竭 孔彪碑

竭 李翊碑

謁 於歇切 謁 孫根碑 謁 史晨祠孔廟銘 謁 袁良碑 謁 北海相景君碑 謁 交阯沈君神道

謁 張納碑陰 謁 魯峻碑 謁 堵陽長劉君碑

髮 方伐切 髮 魏脩孔子廟碑 髮 婁壽碑 髮 衡立碑 髮 袁良碑 髮 李翊夫人碑

韍

韍 楊著碑

韍 孔耽神祠碑

韍 繁陽令楊君碑

紱

紱 夏承碑

紱 王純碑

紱 樊安碑

芾

芾 魏元丕碑

佛 符勿切

佛 馬江碑

屈 曲勿切

屈 劉熊碑陰

屈 老子銘

屈 夏承碑

屈 鄭固碑

屈 周憬功勳銘

十一沒

沒 莫勃切　沒 郙閣頌　沒 費鳳碑陰　沒 李翊碑　沒 殽阬君碑　沒 馮緄碑

發　發 張表碑　發 孫根碑　發 楊著碑　發 周憬功勳銘

伐 房越切　伐 石經公羊　伐 張表碑　伐 郭究碑

罰　罰 張壽碑　罰 孫根碑　罰 唐扶頌

殁

殁 魏尊號奏碑
殁 繁陽令楊君碑
殁 婁壽碑
殁 北海相景君碑
殁 費鳳碑

殁 靈臺碑
殁 戚伯著碑
殁 孔宙碑
殁 高彪碑
殁 斥彰長碑

勃 蒲没切

勃 華山亭碑
勃 魯峻碑
勃 戚伯著碑
勃 劉熊碑
勃 宗俱碑陰

窣 蘇骨切

窣 華山亭碑

突 陁没切

突 繁陽楊君碑陰
突 張納功德叙

忽 呼骨切

忽 楊震碑陰

忽 侯成碑

忽 北海相景君碑

忽 魏元丕碑

骨 古忽切

骨 魏尊號奏碑

骨 靈臺碑陰

骨 劉熊碑

十二曷

曷 何葛切

曷 石經公羊

曷 鄭固碑

曷 唐扶頌

曷 楊著碑

褐

褐 孫叔敖碑

葛 居曷切 葛 石經魯詩

割 割 袁良碑 割 逢盛碑 割 吴仲山碑

遏 阿葛切 遏 張表碑 遏 周憬功勳銘 遏 劉寬碑

閼 閼 張納功德叙

怛 當割切 怛 劉寬碑 怛 孫根碑 怛 周憬功勳銘 怛 夏承碑

闥 他達切 闥 孫根碑 闥 梁休碑

達 陁葛切 達 樊毅脩華嶽碑 達 馮煥碑陰 達 楊君斜谷碑 達 宋恩等題名碑

糲 郎葛切 糲 劉寬後碑 糲 婁壽碑

捺 乃曷切 捺 唐扶頌

十三末

末 莫葛切 末 校官碑 末 戚伯著碑 末 樊敏碑 末 唐扶頌 末 李翊夫人碑

沫 沫 殽阮君碑

活 戶括切 活 魏尊號奏碑

括 古活切 括 州輔碑

栝 栝 袁良碑

撥 北末切 撥 魏尊號奏碑 撥 李翊碑

跋 蒲撥切 跋 繁陽令楊君碑

撮 麤括切 撮 魯峻碑 撮 張表碑

剟 都括切 剟 樊安碑

脫 他括切 脫 殽阬君碑陰

奪 徒活切 奪 北海相景君碑

十四黠

黠 下八切 黠 北海相景君碑

滑 戶八切 滑 李翕坂碑 滑 劉寬後碑

猾 猾 孫根碑 猾 孔宙碑 猾 校官碑 猾 孔彪碑 猾 賜馮煥詔

八 布拔切　八 靈臺碑　八 帝堯碑　八 吳仲山碑　八 祝睦後碑　八 漢磚銘

拔 蒲八切　拔 袁良碑　拔 劉脩碑　拔 劉熊碑　拔 張納功德敘

殺 山戛切　殺 石經論語　殺 孫叔敖碑陰　殺 樊敏碑　殺 武梁畫像碑

察 初戛切　察 帝堯碑　察 梁休碑　察 王純碑　察 夏承碑　察 唐扶頌

察 孔廟置卒史碑

札 側八切 札 孫叔敖碑

十五轄

鎋 下瞎切 鎋 祝睦後碑

十六屑

屑 先結切 屑 史晨饗孔廟碑 屑 華山亭碑

切 千結切
切 東海廟碑
切 郎中郭君碑

竊
竊 孔彪碑

節 子結切
節 魏尊號奏碑
節 脩孔廟後碑
節 北海相景君碑
節 李翊碑
節 劉熊碑陰

節 吳仲山碑
節 戚伯著碑
節 魯峻碑
節 老子銘

截 昨結切
截 費鳳碑
截 楊君斜谷碑
截 燕然銘

鐵 他結切

鐵 羊竇道碑

耋 徒結切

耋 高彪碑

絰

絰 高頤碑

跌

跌 綏民尉熊君碑

迭

迭 靈臺碑

迭 綏民尉熊君碑

涅 乃結切 涅 魏尊號奏碑 涅 楊震碑陰 涅 州輔碑

頡 奚結切 頡 華山廟碑

挈 詰結切 挈 魏受禪表

結 吉屑切 結 袁良碑

絜 絜 石經論語 絜 唐扶頌 絜 費鳳碑 絜 華山亭碑 絜 夏承碑

絜費鳳碑陰絜桐柏廟碑絜校官碑絜夏堪碑

齧倪結切齧唐公房碑

穴胡決切穴費鳳碑陰

血呼決切血靈臺碑血魏大饗碑

闋苦穴切闋孫根碑

玦 古穴切 玦 孫叔敖碑

譎 譎 費鳳碑

決 決 賜馮煥詔 決 周憬功勳銘 決 樊毅脩華嶽碑 決 張納碑陰

蔑 莫結切 蔑 鄭固碑 蔑 繁陽令楊君碑

十七薛

薛 私列切 薛 孔從事碑 薛 孔廟禮器碑 薛 平輿令薛君碑 薛 韓勑碑陰 薛 繁陽楊君碑陰

紲 紲 張納功德敘

泄 亦作渫 泄 衡方碑 泄 樊安碑 渫 殽阬君碑

雪 蘇絶切 雪 李翕西坂碑 雪 樊毅復民租碑 雪 夏堪碑

絶 徂雪切 絶 石經尚書 絶 繁陽令楊君碑 絶 張納功德敘 絶 楊君斜谷碑 絶 郙閣頌

絕 李翊碑　絕 老子銘　絕 東海廟碑　絕 北海相景君碑　絕 袁良碑　絕 苑鎮碑

設 式列切　設 北海相景君碑　設 孔宙碑　設 李翊夫人碑　設 劉熊碑　設 李翕西狹頌

折 之列切　折 鄭烈碑　折 張表碑

舌 食列切　舌 樊安碑

說 輸爇切　說 石經論語　說 劉熊碑

焫 儒列切
𤇾 楊君斜谷碑

哲 陟列切
括 白石神君碑
括 郎中鄭君碑
括 北海相景君碑
括 楊著碑
括 丁魴碑

括 桐栢廟碑
括 元賓碑
括 逢盛碑

喆
喆 袁良碑
喆 朱龜碑
喆 陳寔殘碑

徹 敕列切
徹 義井碑陰

列 力蘖切 列 孫根碑 列 戚伯著碑 列 夏承碑 列 劉熊碑 列 綏民尉熊君碑

烈 烈 周公禮殿記 烈 孫根碑 烈 繁陽楊君碑陰 烈 張表碑

裂 裂 費鳳碑陰

輟 株劣切 輟 石經論語 輟 朱龜碑

悅 欲雪切 悅 孟郁脩堯廟碑 悅 郭輔碑 悅 李翕西狹頌 悅 劉熊碑 悅 桐栢廟碑

悅 楊統碑 悅 楊君斜谷碑 悅 李翕西坂碑

烕 許劣切 烕 靈臺碑

鈌 傾雪切 鈌 吳仲山碑

傑 巨列切 傑 劉寬碑陰

桀 桀 是邦雄桀碑 桀 周禮殿記 桀 武梁畫像碑

孽 魚列切 孽 劉寬後碑 孽 魏大饗碑 孽 是邦雄桀碑

滅 忙列切 滅 魏石經左傳 滅 魏尊號奏碑 滅 楊統碑 滅 益州守無名碑

別 筆列切 別 石經論語 別 王君石路碑 別 費鳳碑陰 別 劉熊碑

隸韻卷第九終

隸韻 卷十

隸韻卷第十

入聲下

二十四職　二十五德

二十六緝　二十七合

二十八盍　二十九葉

三十帖　三十一業

三十二洽　三十三狎

三十四乏

十八藥

藥 弋約切
藥 唐公房碑

躍
躍 夏承碑

礿
礿 李翊夫人碑

爍 爍 魯峻碑

縛 伏約切 縛 李翕西狹頌 縛 任君殘碑陰

削 息約切 削 樊毅脩華嶽碑 削 孔彪碑

爵 即約切 爵 石經儀禮 爵 楊著碑 爵 史晨祠孔廟銘 爵 劉熊碑 爵 綏民尉熊君碑

爵 夏承碑 爵 婁壽碑

皭 疾雀切
皭 孔彪碑

嚼
嚼 唐扶頌

鑠 式灼切
鑠 馬江碑
鑠 楊統碑
鑠 費汎碑
鑠 劉熊碑

爍
爍 燕然銘

灼 職略切
灼 白石神君碑
旳 魯峻碑

勺 勺 劉寬碑陰

酌 酌 楊震碑 酌 袁良碑

綽 尺約切 綽 郭輔碑 綽 魯峻碑

杓 實若切 杓 楊君斜谷碑

弱 日灼切 弱 唐扶頌 弱 校官碑 弱 羊竇道碑 弱 北海相景君碑 弱 周憬功勳銘

若 若石經論語 若李翕坂碑 若唐扶頌 若楊君斜谷碑 若孟郁脩堯廟碑

若夏承碑 若繁陽令楊君碑 若楊著碑

著直略切 著綏民尉熊君碑

略力灼切 略秦頡碑 略桐柏廟碑 略戚伯著碑

却乞約切 却王純碑

約 乙却切 約 郙閣頌 約 李翕西狹頌 約 吳仲山碑 約 戚伯著碑 約 繁尉熊君碑

約 李翊碑 約 劉熊碑 約 夏承碑 約 楊淮碑 約 譙敏碑 約 陳度碑

約 張納功德敘

虐 逆約切 虐 魯峻碑 虐 楊君斜谷碑 虐 費鳳碑 虐 孫根碑

瘧 瘧 樊敏碑

十九鐸

鐸 達各切 鐸 衡方碑

度 度 太僕荀君碑陰 度 老子銘

託 撻各切 託 橫海呂將軍碑 託 孔彪碑 託 劉寬碑 託 李翊碑

橐 橐 逢盛碑

拓

拓 費鳳碑陰　拓 燕然銘

袥

袥 桐柏廟碑

洛 歷各切

洛 楊震碑　洛 袁良碑

落

落 魯峻碑　落 馬江碑　落 朱龜碑

樂

樂 鄭三益碑　樂 孟郁脩堯廟碑　樂 魯峻碑　樂 老子銘

駱

駱 丁魴碑 駱 華山亭碑 駱 劉寬碑陰

雒

雒 石經尚書 雒 王稚子闕碑 雒 周憬功勳銘 雒 帝堯碑 雒 綏民尉熊君碑

諾 匿各切

諾 孔彪碑

博 伯各切

博 石經論語 博 李翕西狹頌 博 孫根碑 博 种君石虎刻學

搏

搏 魏脩孔子廟碑 搏 張納功德敘

泊 白各切 泊 張表碑 泊 劉脩碑 泊 綏民尉熊君碑

薄 薄 張壽碑 薄 逢盛碑 薄 斥彰長碑 薄 樊毅脩華嶽碑 薄 老子銘

薄 華山亭碑

亳 亳 唐扶頌

莫 末各切 莫 劉熊碑 莫 羊竇道碑 莫 唐扶頌 莫 元賓碑 莫 周憬功勳銘

莫 李翊夫人碑 莫 唐公房碑 莫 楊統碑 莫 靈臺碑 莫 孟郁脩堯廟碑 莫 老子銘

幕 幕 州輔碑 幙 鄭固碑

漠 漠 婁壽碑

鏌 鏌 郭究碑

索 昔各切 索 魏大饗碑 索 王純碑陰

錯 七各切　錯 孔彪碑　錯 華山亭碑　錯 周憬功勳銘

作 即各切　作 石經尚書　作 魯峻碑　作 耿氏鐙字　作 江原長進德碣　作 孔耽神祠碑

作 北海相景君碑　作 綏民尉熊君碑　作 三公山碑　作 華山亭碑　作 陳寔殘碑

酢 疾各切　酢 孔宙碑

鑿　鑿 周公禮殿記　鑿 楊君斜谷碑　鑿 郙閣頌

鶴 曷各切

隺 劉熊碑

貉

貉 唐扶頌

郝 黑各切

郝 觴豆碑陰

郝 王純碑陰

恪 克各切

恪 李翊碑

愙 帝堯碑

恪 張納功德叙

恪 樊安碑

恪 州輔碑

恪 楊震碑陰

恪 孔彪碑

愙 魯峻碑

各 葛鶴切　各 石經尚書　各 華山亭碑　各 堯廟碑側　各 衷良碑　各 唐扶頌

閣　閣 李翕西狹頌　閣 斜谷典匠題名　閣 何君閣道碑

惡 遏各切　惡 石經公羊　惡 楊君斜谷碑　惡 費鳳碑　惡 夏承碑　惡 北海相景君碑

惡 唐扶頌

諤 逆各切　諤 王政碑

愕
愕 鄭固碑

鄂
鄂 丁魴碑
鄂 横海呂將軍碑
鄂 楊淮碑
鄂 費汎碑

鍔
鍔 燕然銘

廓 苦鑊切
廓 高彪碑
廓 三公山碑
廓 華山亭碑

郭 骨鑊切
郭 劉寬碑陰
郭 孔耽神祠碑
郭 樊毅脩華嶽碑
郭 費鳳碑陰
郭 義井碑陰

二十陌

佰 莫白切
佰 張表碑
佰 丁魴碑

魄 匹陌切
魄 李翊夫人碑

百 博陌切
百 石經魯詩
百 巴官鐵盆銘
百 夏承碑
百 何君閣道碑
百 陳球碑陰
百 孔宙碑

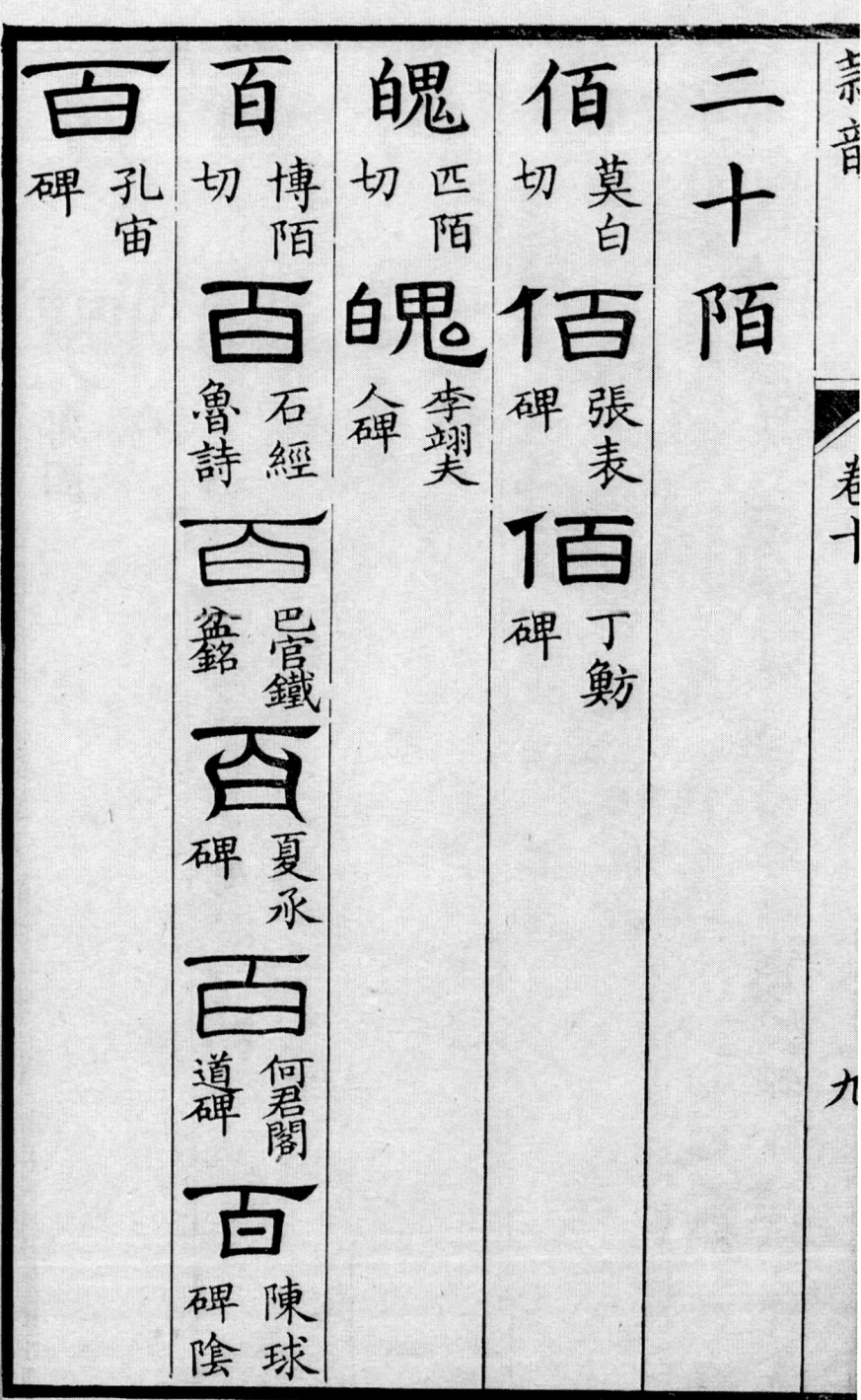

伯

伯 石經尚書

伯 戚伯著碑

伯 馮煥碑陰

伯 劉寬碑陰

伯 孔廟置卒史碑

迫

迫 馬江碑

迫 老子銘

迫 唐扶頌

迫 綏民尉熊君碑

柏 亦作栢

柏 華山亭碑

柏 桐柏廟碑

柏 張表碑

栢 孟郁脩堯廟碑

白 薄陌切

白 唐扶頌

白 五瑞碑

白 費鳳碑陰

帛

帛 衡方碑

帛 劉熊碑

帛 楊統碑陰

帛 華山廟碑

帛 柳敏碑

宅 直格切 宅 袁良碑 宅 孔廟禮器碑 宅 苑鎮碑 宅 孔從事碑

澤 澤 袁良碑 澤 唐扶頌 澤 樊毅復民租碑 澤 孫根碑 澤 羊竇道碑

澤 楊君斜谷碑 睪 孫叔敖碑

擇 擇 魏尊號奏碑 擇 張平子碑 擇 靈臺碑

翟 翟 劉寬碑陰

赫 郝格切 赫 孟郁脩堯廟碑 赫 孔廟置卒史碑 赫 郭仲奇碑 赫 孫根碑 赫 綏民尉熊君碑

赫 靈臺碑 赫 華山亭碑 赫 馬江碑

客 乞格切 客 靈臺碑陰 客 馮煥碑陰

格 各額切 格 楊君斜谷碑 格 桐柏廟碑

佫 佫 費鳳碑

額 鄂格切 額 唐扶頌

詻 詻 殽阬君碑

號 郭獲切 號 郭輔碑

索 色窄切 索 無極山碑 索 許馘夫人碑

窄 側格切 窄 樊毅脩華嶽碑 窄 華山亭碑

戟 訖逆切 戟 魏大饗碑

劇 竭戟切 劇 蘇衡等題名碑 劇 楊著碑 劇 北海景君碑陰

逆 仡戟切 逆 郙閣頌 逆 橫海呂將軍碑 逆 樊毅脩華嶽碑

二十一麥

麥 莫獲切 麦 李翕西狹頌 麦 樊毅復民租碑

脉　脉 周憬功勳銘

脈　脉 唐扶頌

策 測格切亦作筴　策 楊統碑　筴 蔡湛頌　策 夏承碑　策 劉寬碑

冊　冊 衷良碑　冊 州輔碑　冊 元賓碑　冊 横海吕將軍碑

責 側革切　責 校官碑

嘖 嘖 督郵斑碑

幘 幘 武榮碑

覈 下革切 覈 劉熊碑 覈 無極山碑

核 核 北海相景君碑 核 樊敏碑

隔 各核切 隔 樊敏碑 隔 横海呂將軍碑

革　革蔡湛頌　革唐扶頌　革楊統碑　革靈臺碑

戹乙革切　戹費鳳碑陰　戹唐公房碑

阸　阸侯成碑　阸李翕西狹頌

獲胡麥切　獲史晨祠孔廟銘　獲孫根碑　獲帝堯碑　獲魯相謁孔廟碑　獲樊毅脩華嶽碑

獲馮緄碑

畫

畫 孟郁脩堯廟碑 畫 逢盛碑 畫 鄭三益碑 畫 唐公房碑

馘 古獲切

馘 斥彰長碑

二十二昔

昔 思積切

昔 李翊夫人碑 昔 靈臺碑 昔 帝堯碑 昔 五瑞碑 昔 魯峻碑

惜

惜 楊統碑

磧 七迹切
磧 燕然銘

積 資昔切
積 北海相景君碑
積 夏承碑
積 楊君斜谷碑

迹 亦作跡
迹 益州守無名碑
迹 唐扶頌
迹 丁魴碑
跡 王純碑
迹 吳仲山碑

迹 李翊碑
迹 楊著碑
迹 費鳳碑

踖
踖 石經公羊

席 祥亦切 𢂫 周公禮殿記 席 夏承碑 席 郭究碑

夕 夕 石經論語 夕 樊毅脩華嶽碑 夕 婁壽碑

穸 穸 北海相景君碑

籍 秦昔切 籍 劉熊碑 籍 孫根碑

瘠 瘠 樊毅脩華嶽碑

塉
塉 郙閣頌

釋 施隻切
釋 李翊碑
釋 王純碑
釋 費鳳碑陰

適
適 衷良碑
適 楊震碑陰
適 郭究碑

尺 昌石切
尺 元賓碑
尺 李翕坂碑

赤
赤 樊毅脩華嶽碑
赤 孟郁脩堯廟碑
赤 史晨祠孔廟銘
赤 靈臺碑

斥 斥陳球碑陰 斥斥彰長碑

隻之石切 隻臨江長碑 隻吳仲山碑

摭 摭劉熊碑

炙 炙武梁畫像碑

石常隻切 石石經公羊 石孫根碑 石老子銘 石唐扶頌

柘 柘梁休碑

碩 碩費汎碑 碩桐柏廟碑 碩魯峻碑

擿直炙切 擿朱龜碑 擿史晨祠孔廟銘 擿蔡湛頌

益伊昔切 益石經論語 益史晨祠孔廟銘 益高頤闕碑 益秦頡碑 益唐公房碑陰

繹夷益切 繹綏民尉熊君碑

醳
醳（郙閣頌）
醳（楊著碑）
醳（楊君斜谷碑）
醳（北海相景君碑）

掖
掖（孫叔敖碑）
掖（繁陽楊君碑陰）
掖（周憬功勳銘）

亦
亦（石經論語）
亦（孫叔敖碑陰）
亦（綏民尉熊君碑）
亦（周憬功勳銘）

奕
奕（丁魴碑）
奕（帝堯碑）

弈
弈（劉寬碑）
弈（劉衡碑）

射 射 費鳳碑

譯 譯 孟郁脩堯廟碑

驛 驛 靈臺碑 驛 丁魴碑

液 液 北嶽祠堂頌

易 易 北海相景君碑 易 靈臺碑 易 羊竇道碑 易 華山廟碑 易 綏民尉熊君碑

蜴

蜴 橫海呂將軍碑

役 營隻切

役 石經魯詩

没 樊毅脩華嶽碑

役 吳仲山碑

辟 必益切

辟 石經尚書

辟 夏承碑

辟 李翊碑

辟 馮緄碑

辟 平都侯蔣君碑

辟 張納功德叙

辟 周公禮殿記

壁

辟 武梁畫像碑

辟 華山亭碑

辟 北海相景君碑

辟 史晨祠孔廟銘

辟 樊毅脩華嶽碑

碧 兵亦切

碧 婁壽碑陰

二十三錫

錫 先的切

錫 劉熊碑

錫 孔彪碑

錫 北海相景君碑

錫 袁良碑

錫 魏石經左傳

晳

晰 魏受禪表

晰 太僕荀君碑

晰 郭禧碑

析

析 孫根碑

析 李翕西狹頌

析 郙閣頌

戚 倉歷切 戚 戚伯著碑 戚 費鳳碑 戚 楊統碑

慼 慼 夏承碑 慼 郭仲奇碑

績 則歷切 績 馮緄碑 績 孫根碑 績 苑鎮碑 績 周憬功勳銘 績 楊統碑

績 孫叔敖碑陰

寂 前歷切 寂 張納功德叙 寂 老子銘

惕　他歷切　惕　樊毅脩華嶽碑　惕　朱龜碑

剔　剔　張表碑

狄　亭歷切　狄　橫海將軍碑　狄　魏受禪表

敵　敵　魏受禪表

迪　迪　石經尚書　迪　劉寬後碑　迪　楊統碑　迪　張納功德敘

覿
覿 袁良碑

歷 狼狄切
歷 孟郁脩堯廟碑
歷 楊君斜谷碑
歷 夏承碑
歷 柳敏碑
歷 靈臺碑

歷 楊著碑
歷 王君石路碑
歷 張表碑
歷 郭究碑

麻
麻 蔡湛頌
麻 苑鎮碑

酈
酈 桐栢廟碑

鬲 鬲 楊君斜谷碑

惄 乃歷切 惄 楊統碑

溺 溺 婁壽碑 溺 金恭碑

激 吉歷切 激 鄭烈碑 激 郙閣頌 激 仲定碑

擊 擊 石經論語 擊 元賓碑 擊 張表碑 擊 孔彪碑 擊 益州守城埧碑

二十四職

職 質力切
職 魯峻碑
職 袁良碑
職 横海呂將軍碑
職 樊毅脩華嶽碑
職 張納功德叙

職 張表碑

織
織 魏元丕碑

識 設職切
識 樊毅脩華嶽碑
識 張平子碑
識 鄭烈碑
識 楊君斜谷碑

飾
飾 魏大饗碑
飾 樊毅脩華嶽碑

式
式 朱龜碑
式 費鳳碑陰
式 綏民尉熊君碑

拭
拭 孫叔敖碑

寔 丞職切
寔 園令趙君碑
寔 劉熊碑
寔 校官碑
寔 北海相景君碑
寔 張納功德叙

寔 陳寔殘碑
寔 苑鎮碑
寔 華山亭碑

殖 殖 陳度碑 殖 孟郁脩堯廟碑 殖 劉熊碑陰 殖 孫叔敖碑 殖 樊毅脩華嶽碑

植 植 劉寬碑陰

食 實職切 食 石經魯詩 食 史晨祠孔廟銘 食 吳仲山碑 食 張納功德叙 食 桐柏廟碑

側 札色切 側 張平子碑 側 鄭令景君闕銘 側 桐柏廟碑

昃 昃 樊毅復民租碑

色 殺側切 色 石經論語 色 吳仲山碑 色 費鳳碑陰 色 陳寔壇碑

嗇 嗇 靈臺碑 嗇 候鉦銘字

穡 穡 樊毅脩華嶽碑 穡 費汎碑 穡 三公山碑

測 察色切 測 校官碑 測 李翕西狹頌 測 袁良碑 測 孟郁脩堯廟碑

惻 惻 孔彪碑 惻 孫根碑 惻 王純碑 惻 費鳳碑 惻 孔耽神祠碑

息 悉即切
息 樊敏碑
息 桐栢廟碑
息 費鳳碑
息 張納功德叙
息 周憬功勳銘
息 李翕西狹頌
息 史晨祠孔廟銘
息 東海廟碑
息 老子銘

即 節力切
即 石經尚書
即 華山亭碑
即 横海呂將軍碑
即 孔廟置卒史碑
即 元賓碑

稷
稷 張表碑
稷 孫叔敖碑
稷 史晨祠孔廟銘
稷 綏民尉熊君碑

陟 竹力切
陟 魏尊號奏碑
陟 孔宙碑
陟 張表碑
陟 桐栢廟碑
陟 雍勸闕碑

陟 唐公房碑

稙

稙 李翕西狹頌

敕 畜力切

勑 楊著碑

勑 繁陽楊君碑陰

勑 王純碑

勑 孔廟禮器碑

勑 李翕西狹頌

飭

飭 楊君斜谷碑

飭 柳敏碑

飭 劉熊碑陰

飭 桐栢廟碑

直 逐力切

直 石經尚書

直 老子銘

直 李翕西狹頌

直 楊統碑

直 劉熊碑陰

直 周公禮殿記

犆 犆 繁陽令楊君碑

力 六直切 力 樊安碑 力 靈臺碑

匿 昵力切 匿 吳仲山碑 匿 費鳳碑陰 匿 老子銘 匿 孫根碑

弋 逸織切 弋 劉寬碑陰 弋 應酬題名碑

翼

翼 孟郁脩堯廟碑

翼 魏尊號奏碑

翼 郭仲奇碑

翼 校官碑

翊

翊 孫叔敖碑陰

翊 楊著碑陰

翊 李翊碑

翊 燕然銘

億 乙力切

億 楊君斜谷碑

億 李翕西狹頌

億 楊統碑

億 孔宙碑

億 繁陽令楊君碑

億 桐柏廟碑

億 樊毅脩華嶽碑

抑

抑 孫根碑

抑 魏尊號奏碑

抑 唐扶頌

抑 李翕西狹頌

極 竭憶切
極 石經尚書
極 孟郁脩堯廟碑
極 楊君斜谷碑
極 王元賓碑
極 桐栢廟碑

極 靈臺碑
極 斥彰長碑
極 孔廟置卒史碑
極 楊震碑
極 劉熊碑
極 繁民尉熊君碑

域 越逼切
域 唐公房碑
域 楊君斜谷碑
域 孟郁脩堯廟碑
域 燕然銘
域 脩孔廟後碑

域 富春丞張君碑

棫
棫 魏受禪表

閾 閾孔宙碑 閾費鳳碑

逼筆力切 逼桐柏廟碑 逼華山亭碑

二十五德

德的則切 德石經論語 德孔宙碑 德校官碑 德唐扶頌 德江原長進德碣

德陳寔殘碑 德靈臺碑 德夏承碑 德祝睦碑 德楊著碑 德李翕西坂碑

德 馮緄碑 悳 袁良碑 悳 老子銘 悳 北海相景君碑 德 尉氏鄭君碑陰

悳 悳 鄭固碑

得 得 石經論語 得 羊竇道碑 得 王君石路碑 得 李翊碑 得 孔耽碑後字

忒 惕德切 忒 帝堯碑 侙 張表碑

慝 慝 袁良碑 慝 太僕荀君碑

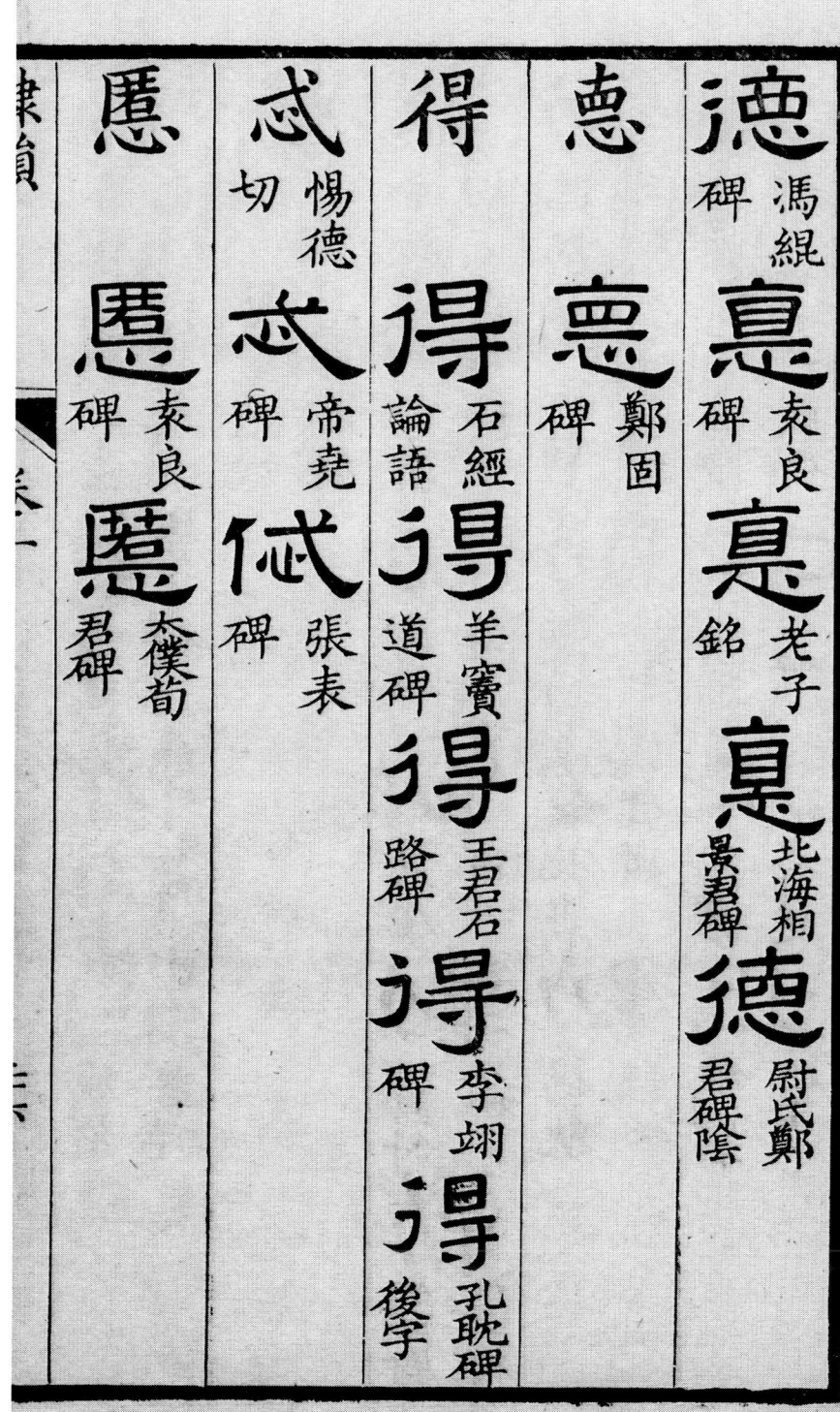

特 敵德切
特 楊著碑
特 帝堯碑
特 楊君斜谷碑
特 戚伯著碑

蟘
蟘 唐公房碑

勒 歷德切
勒 楊著碑
勒 柳敏碑
勒 夏承碑
勒 楊君斜谷碑
勒 綏民尉熊君碑

勒 臨江長碑
勒 李翕坂碑
勒 周憬功勳銘
勒 孔宙碑
勒 楊統碑

北 必墨切
北 高頤闕碑
北 楊君斜谷碑
北 交阯沈君神道
北 穀阬君碑陰

踣 蒲墨切 踣 殽阬君碑

墨 密北切 墨 劉熊碑陰 墨 戚伯著碑 墨 孫叔敖碑

默 默 劉寬碑 默 費汎碑

塞 悉則切 塞 孫根碑

則 即得切 則 石經尚書 則 夏承碑 則 袁良碑 則 李翕坂碑 則 蔡湛頌

劾 紇得切 劾 梁休碑

黑 迄得切 黑 史晨祠孔廟銘 黑 唐扶頌

克 乞得切 克 周公禮殿記 克 逢盛碑 克 夏承碑 克 劉脩碑 克 李翕西狹頌

克 樊毅脩華嶽碑 克 繁陽令楊君碑 克 楊統碑 克 李翊碑

賊 疾則切 賊 張納碑陰 賊 孔彪碑 賊 宋恩等題名碑

剋
衡方碑

刻
石經論語
華山亭碑
李翕西狹頌
劉熊碑
孫叔敖碑

或 獲北切
帝堯碑
郙閣頌
樊毅復民租碑
北海相景君碑
老子銘

惑
繁民尉熊君碑
郭究碑

國 骨或切
石經論語
周公禮殿記
戚伯著碑
劉寬碑陰
繁民尉熊君碑

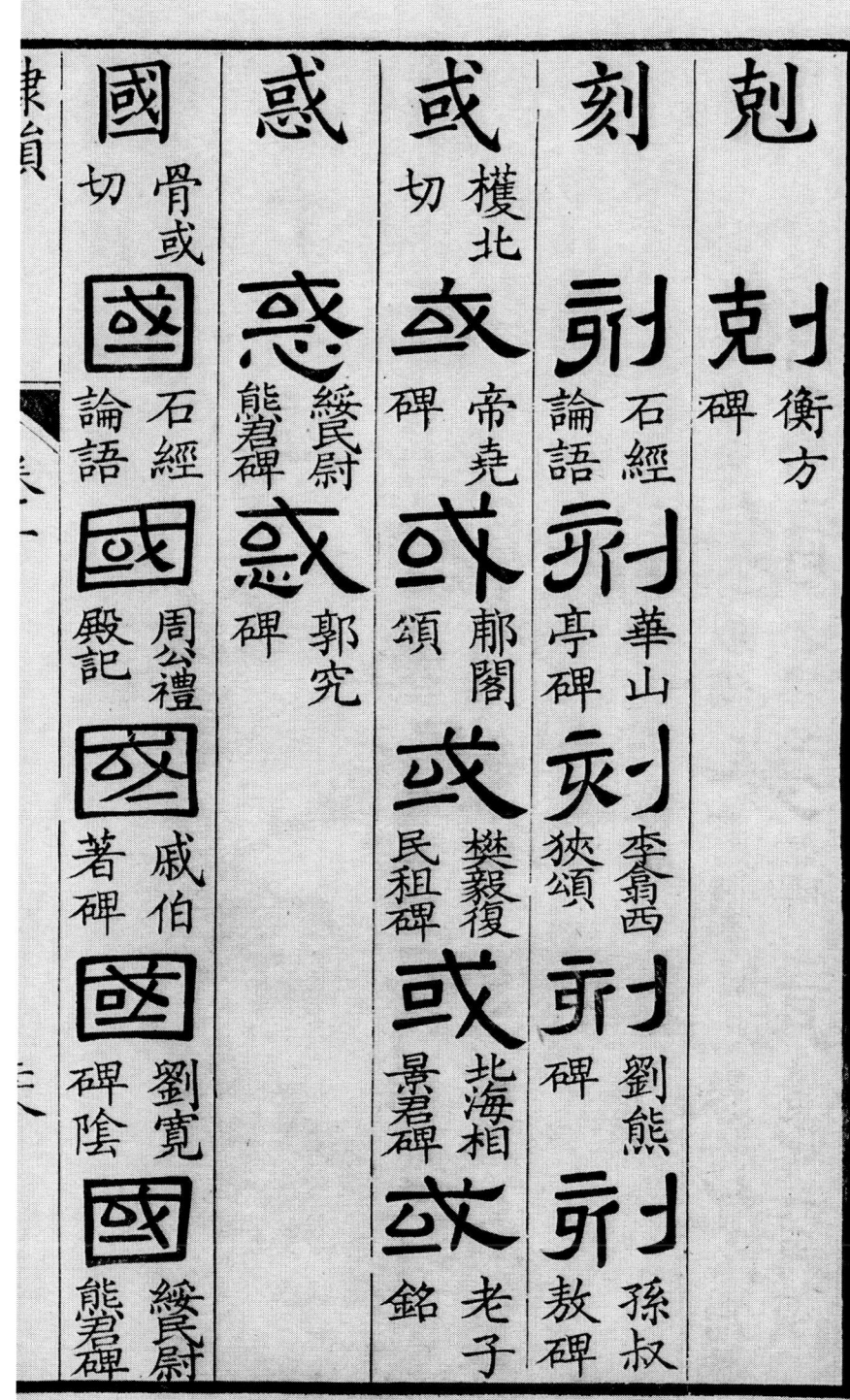

國 魯峻碑 國 祝睦碑 國 漢鏡銘

二十六緝

緝 七入切 緝 逢盛碑 緝 魏脩孔子廟碑 緝 孔宙碑 緝 燕然銘 緝 劉寬後碑

習 席入切 習 唐扶頌 習 孫根碑 習 劉熊碑

襲 襲 費鳳碑陰 襲 戚伯著碑 襲 求陽高君碑 襲 樊毅脩華嶽碑 襲 唐扶頌

龓 魏受禪表

集 籍入切 集 大饗記殘碑 集 繁陽令楊君碑 集 侯成碑 集 孟郁脩堯廟碑

輯 輯 冀州郭從事碑

濕 失入切 濕 蘇衡等題名碑 濕 韓勑碑陰 濕 孫叔敖碑 濕 孔從事碑

執 質入切 執 石經論語 執 夏承碑 執 侯成碑 執 楊君斜谷碑 執 綏民尉熊君碑

執 衷良碑 執 桐柏廟碑 執 史晨祠孔廟銘 執 費鳳碑

汁 汁 史晨祠孔廟銘

十 寔入切 十 孫根碑 十 巴官鐵盆銘 十 夏承碑

拾 拾 楊君斜谷碑 拾 孔彪碑 拾 三公山碑

入 日執切 入 石經論語 入 魏元丕碑 入 張表碑

吸 迄及切 吸 老子銘 吸 劉脩碑

翕 翕 石經尚書 翕 李翕西狹頌

闟 闟 孟郁脩堯廟碑

泣 乞及切 泣 費鳳碑 泣 侯成碑 泣 夏承碑 泣 吳仲山碑

急 訖立切 急 唐公房碑

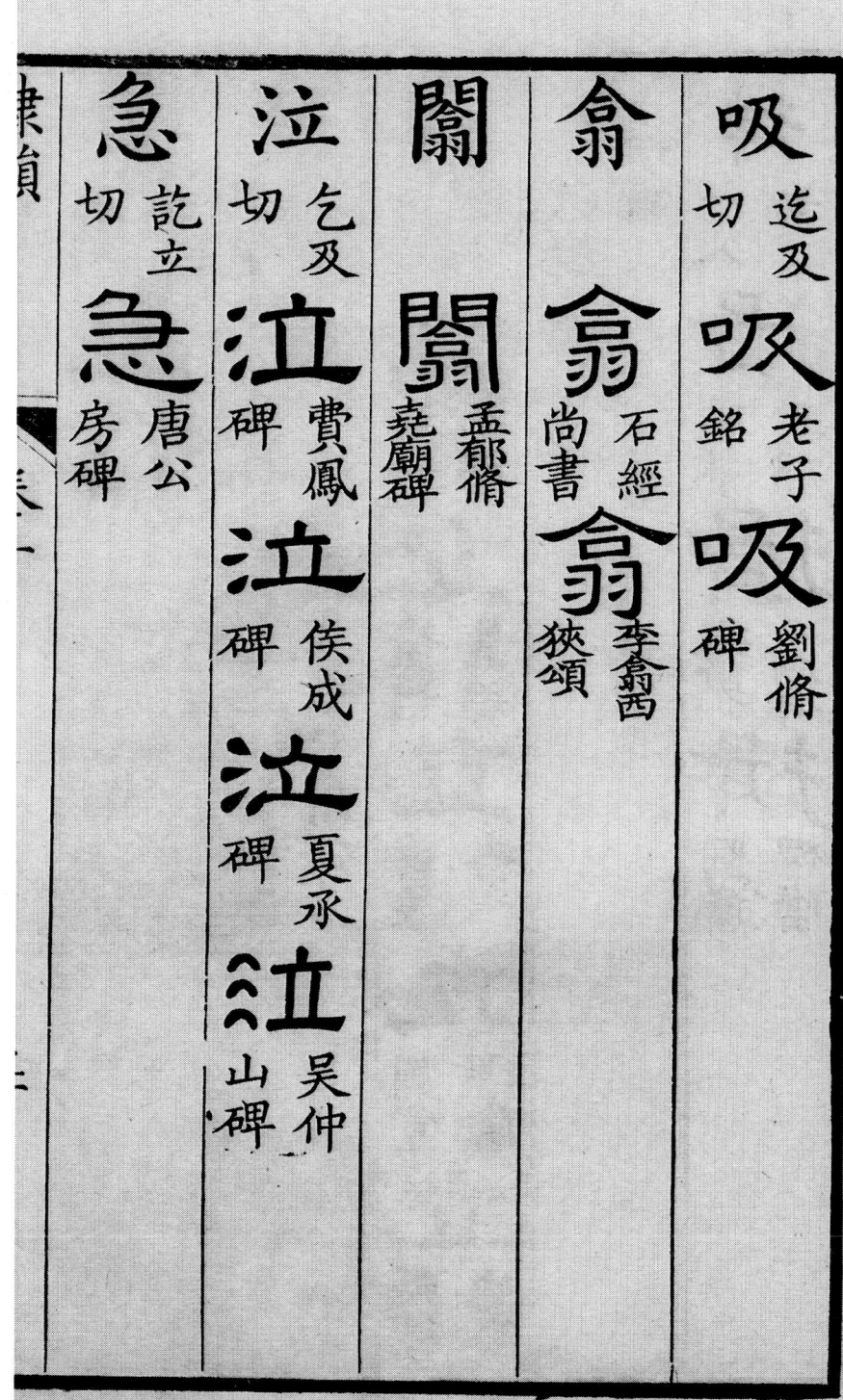

澀 色入切 澁 楊君斜谷碑

戢 側立切 戢 張平子碑 戢 魏元丕碑 戢 樊敏碑

立 力入切 立 石經論語 立 北海相景君碑 立 靈臺碑 立 劉寬碑陰 立 張納功德叙

立 孫根碑

揖 一入切 揖 張平子碑 揖 魏脩孔子廟碑 揖 劉熊碑陰

給

給 孔龢置卒史碑
給 郙閣頌
給 孔從事碑

級

級 馮緄碑

汲

汲 劉寬碑陰
汲 孟郁脩堯廟碑
汲 校官碑
汲 靈臺碑

及 極入切

及 石經尚書
及 吳仲山碑
及 孔宙碑
及 周憬功勳銘
及 老子銘
及 帝堯碑

邑 乙及切 石經公羊 費鳳碑 横海呂將軍碑 李翊碑 周憬功勳銘

邑 侯成碑 樊敏碑 孔廟禮器碑 樊安碑 劉寬後碑

浥 周憬功勳銘

悒 郭究碑

挹 州輔碑

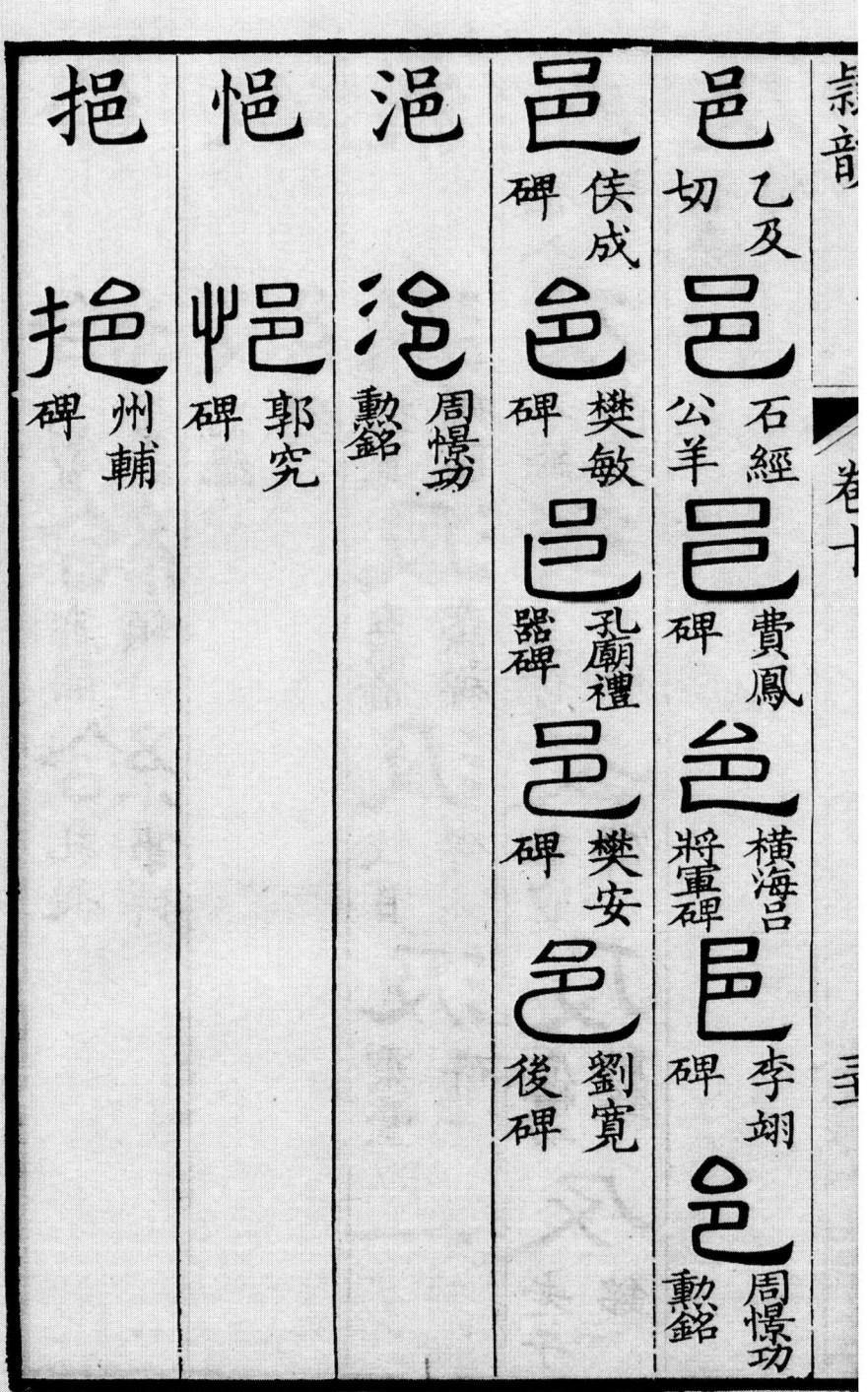

二十七合

合 曷閤切 合 周公禮殿記 合 老子銘

部 部 帝堯碑 部 劉熊碑陰

拾 拾 譙敏碑

閤 葛合切 閤 張納功德敘 閤 司空孔君碑

隸韻　卷十

颯　悉合切　颯　孔耽碑　颯　斥彰長碑

帀　作荅切　帀　孟郁脩堯廟碑　帀　無極山碑

雜　昨合切　雜　劉寬碑　雜　孔廟置卒史碑　雜　袁良碑

荅　得合切　荅　陳球後碑　荅　楊君斜谷碑

會　會　樊毅脩華嶽碑

漯 託合切 漯 鄃閣頌

蹹 達合切 蹹 魏大饗碑

遝 遝 石經公羊碑 遝 劉寬碑 遝 陳球後碑

納 諾荅切 納 侯成碑 納 張納功德叙

二十八盍

盍 轄臘切
盍 石經論語

闔
闔 唐公房碑
闔 張納功德敘
闔 孫根碑

⿱日羽 託盍切
⿱日羽 繁陽楊君碑陰

二十九葉

葉 弋諜切
葉 劉寬碑
葉 華山亭碑
葉 王元賓碑
葉 李翊夫人碑
葉 夏承碑

葉 樊安碑 葉 逢盛碑

饁 域輒切 饁 孔宙碑 饁 三公山碑

接 即涉切 接 劉熊碑 接 郙閣頌 接 太僕荀君碑陰 接 吴仲山碑

楫 楫 劉寬碑陰 楫 應酬題名碑 楫 周憬功勳銘

捷 疾葉切 捷 張納功德敘

攝 失涉切 攝 唐公房碑 攝 賜馮煥詔 攝 周憬功勳銘

讋 質涉切 讋 魏大饗碑

懾 亦作慴 懾 帝堯碑 慴 張納功德叙

涉 實攝切 涉 費鳳碑陰 涉 繁陽令楊君碑 涉 周憬功勳銘 涉 李翕西狹頌 涉 夏堪碑

輒 陟涉切 輒 帝堯碑 輒 無極山碑 輒 史晨祠孔廟銘 輒 華山廟碑

聶 昵輒切 聶 劉寬碑陰 聶 周憬功勳銘 聶 楊著碑陰

躡 躡 唐公房碑

三十帖

牒 達協切 牒 孔廟置卒史碑 牒 羊竇道碑

諜 諜 孟郁脩堯廟碑

疊
疊 唐扶頌
疊 孔廟置卒史碑

墊
墊 張納碑陰

恊 檄頰切
協 太僕荀君碑
恊 蔡湛頌
恊 孟郁脩堯廟碑
協 劉熊碑

俠
俠 華山亭碑
俠 王君石路碑

燮 悉恊切
燮 劉寬碑陰
燮 是邦雄桀碑

三十一業

業 逆怯切 業 張納功德叙 業 帝堯碑 業 馬江碑 業 唐扶頌 業 郯令景君闕銘

業 鄭固碑

鄴 鄴 譙敏碑

三十二洽

隸韻卷十

洽 胡夾切 洽 太僕荀君碑 洽 楊著碑 洽 張納碑陰

陜 亦作狹 陜 華山亭碑 狹 魏尊號奏碑 狭 李翕西狹頌 狭 桐栢廟碑 狭 樊毅脩華嶽碑

夾 訖洽切 夹 魏大饗碑 夹 劉曜碑

郟 郟 唐扶頌

三十三狎

狎 轄甲切 狎 太僕荀君碑

柙 柙 李翕西狹頌

甲 古狎切 甲 三公山碑 甲 華山廟碑

三十四乏

乏 扶法切 乏 孫叔敖碑

法 弗乏切

法 張壽碑

法 孔廟禮器碑

法 東海廟碑

法 老子銘

灋

灋 華山亭碑

灋 無極山碑

隸韻卷第十終

御前應奉沈亨刊

隸韻

攷證　後序

宋搨之精者墨色如
漆神采奕然余見宋
高宗臨帖治府所刻
者如此今人以餅翼經

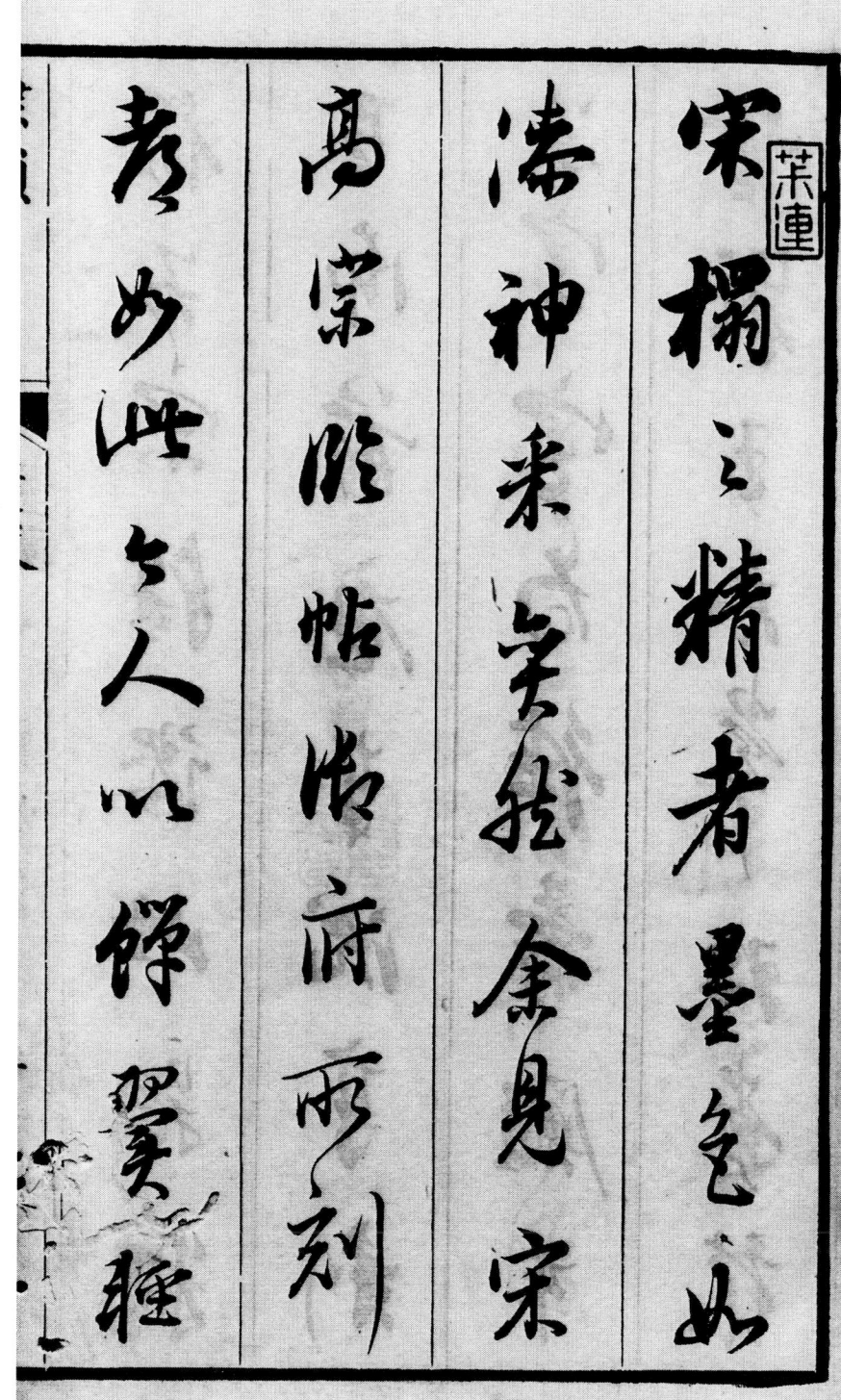

隸韻

〈董跋〉

楊為宋雜誤此隸釋
已佈前歷年沈亨刻
好字宮為往壽殿本
豈難王太常珍貴藏

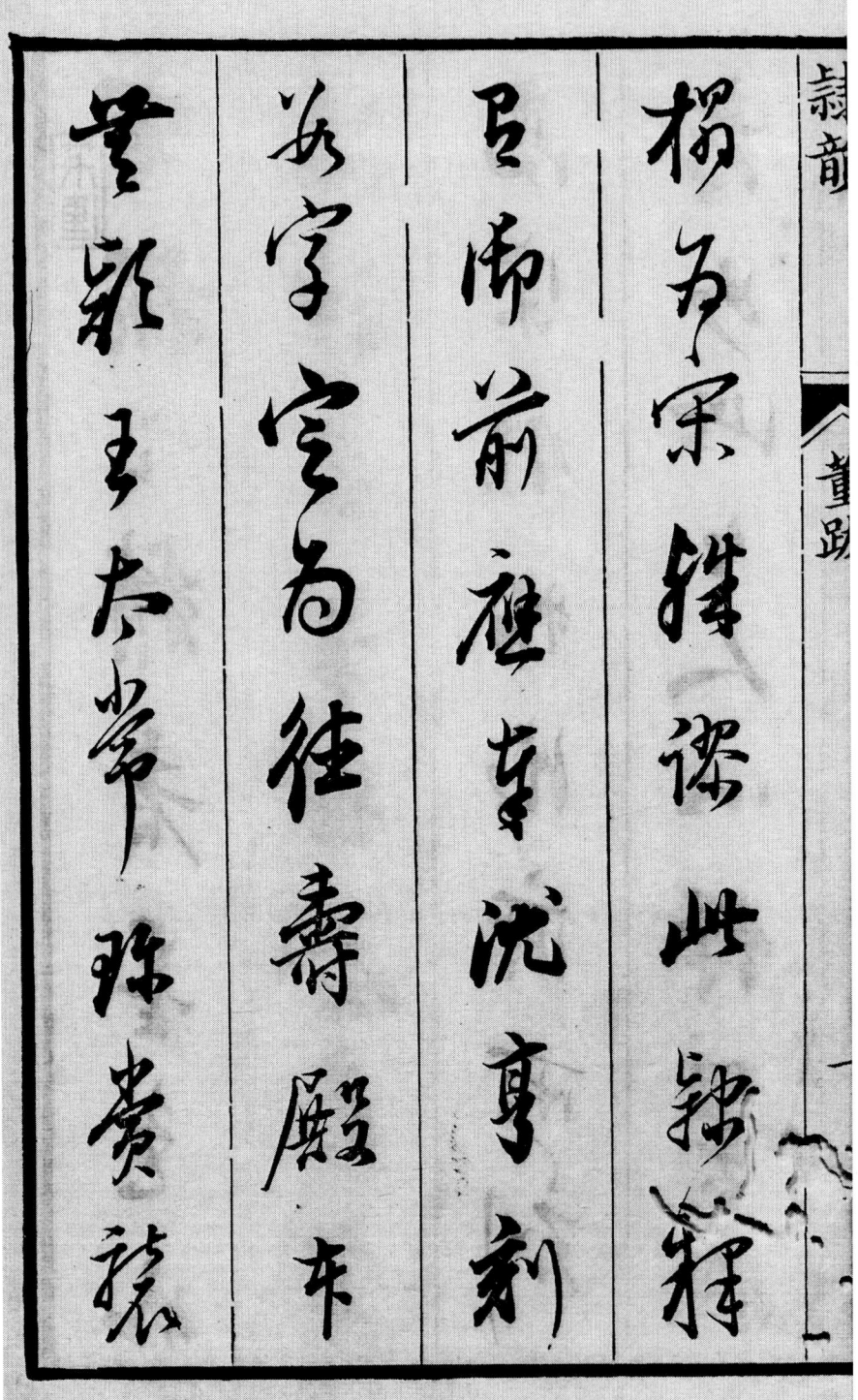

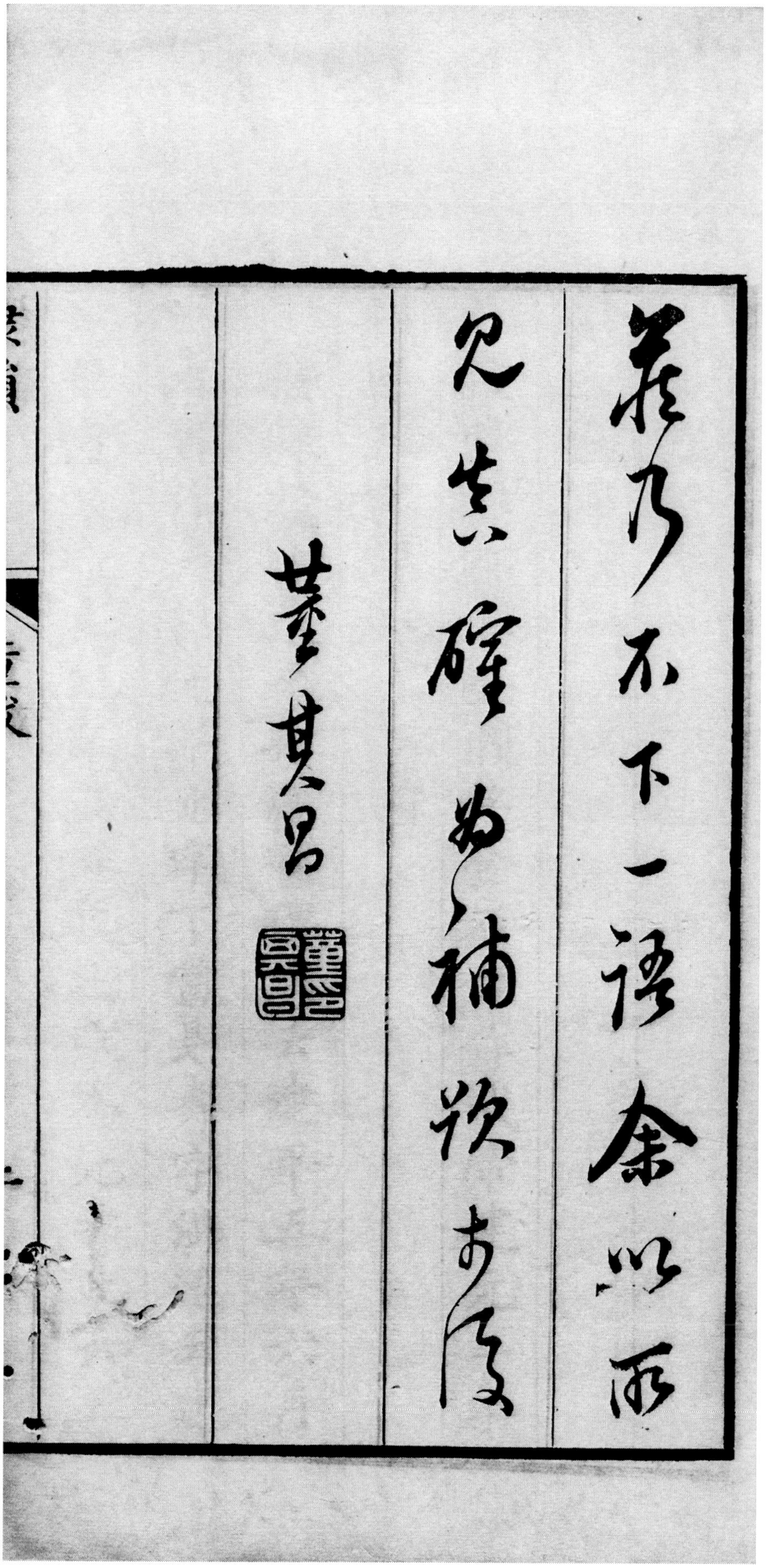
並乃不下一語余以兩
見其確為補款於後
董其昌

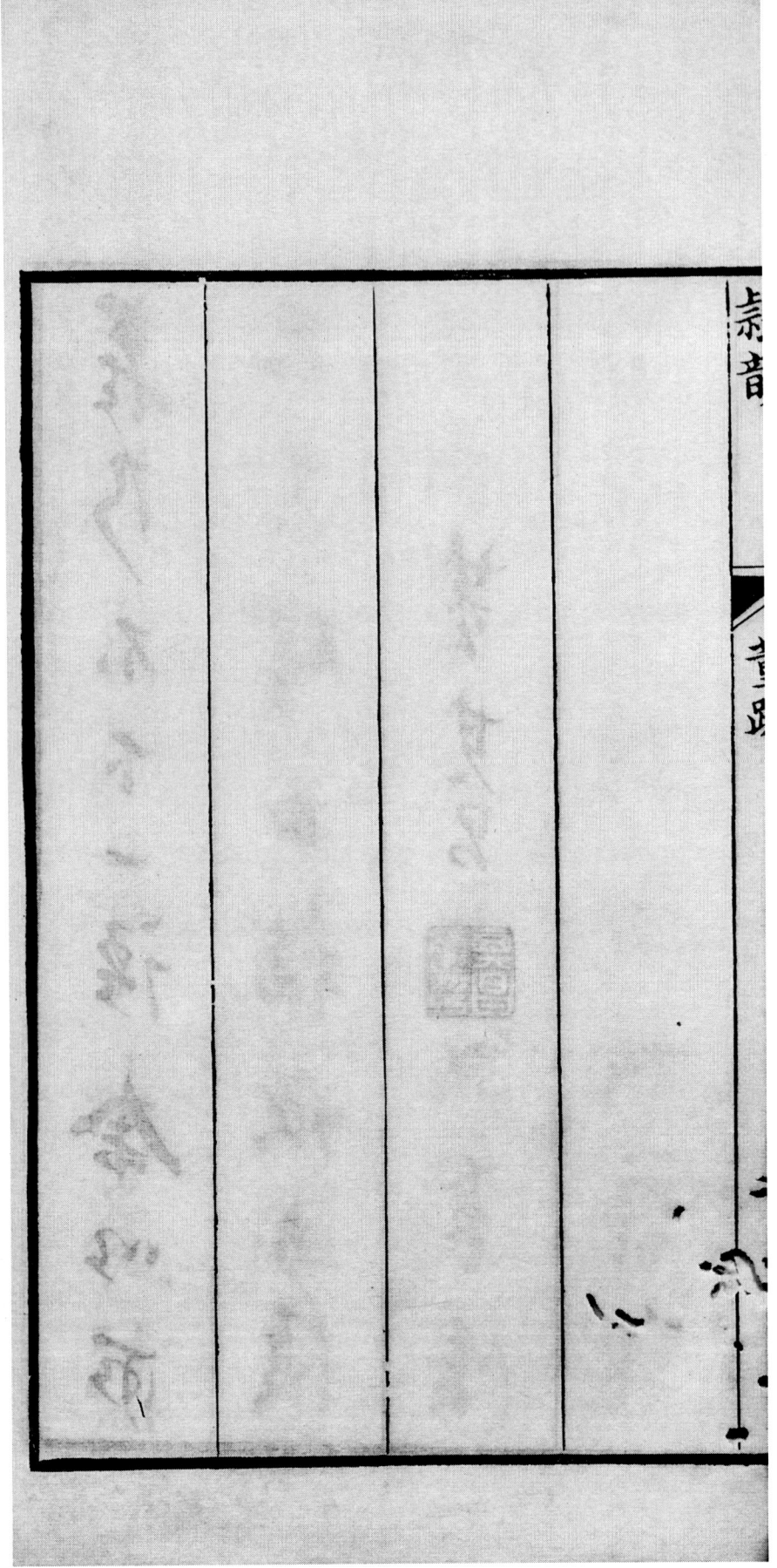

碑目攷證

鄭三益碑 建元元年

按當作鄭三益闕銘金石錄作武帝建元二年

郫縣五官碑 元□元年

按隸續作建平郫縣碑碑文云建平五年六月本書作元□元年元字下當是壽字洪适云建平者哀帝之紀年其五年已改爲元壽此云五

年者與周公禮殿碑相類殆蜀道未知改元耳

蜀郡太守何君閣道碑 中平二年

按中平靈帝年號當從隸釋作中元二年

會稽東郡路君石闕銘

按東郡金石録作東部前漢書地理志會稽有西部南部都尉則郡爲部字之誤無疑

張偉伯穿中記

按即隸釋張賓公妻穿中二柱文

鐵盆銘 永建五年

按永建五年黃山谷集及隸續皆作永平七年

陳君治道碑

按隸續作漢安長陳君閣道碑

費亭侯曹騰碑陰 建和元年

按酈道元水經注云延熹三年立

平都侯相蔣君碑 元嘉二年

按隸釋云蔣君以元嘉二年卒其文有云禮畢祥除瞻望墳塋則此碑乃後來所立漢隸字原作永興元年不知所據

郎中王政碑

按隸續云政以元嘉三年正月卒門徒士夫相與立此石攷元嘉三年即永興元年洪書元嘉

似誤

真道冢碑

按隸續作真道冢地記

臨江長碑

按歐趙諸家俱不著錄

司空孔君碑

按即隸續司空孔扶碑

劉君閣道題字

按隸釋作劉讓閣道題字

緐竹令王君碑

按隸釋作緐竹令王君神道

堵陽長劉君碑

按隸釋作堵陽長劉子山斷碑

宕渠令柳敏碑

按隸釋作孝廉柳敏碑

劉脩碑

按隸釋作愼令劉脩碑

李君西坂碑

按歐趙諸家俱不著錄

李翕析里橋郙閣頌 熹平元年

按碑文作建寧五年是歲五月改元立碑時當

在五月之前

廷尉仲君碑

按金石錄作廷尉仲定碑

先生婁壽碑 熹平□年

按隸釋作元儒先生婁壽碑云熹平三年

司隸校尉楊淮碑 熹平四年

按即司隸校尉楊淮表紀碑文立於熹平二年

二月本書作四年誤

沈子琚緜竹江堰碑

按隸釋作廣漢太守沈子琚緜竹江堰碑

費鳳碑陰

按隸釋云此費鳳別碑費氏父子三碑今並立於吳興校官之壁不知者指此爲碑陰

漢石經 光和六年

按范史及各書皆云熹平四年立本書作光和六年誤

幽州刺史朱龜碑 中平元年

按金石錄作光和六年隸釋字原並作中平二年今碑文殘缺無年月可攷

冀州郭從事碑 靈帝光和三年　按郭從事碑以下原本碑目殘缺故詳補于後

按隸續作冀州從事郭君碑

義井碑陰 光和三年

按隸釋作舜子巷義井碑陰

孔耽碑後字 光和五年

按孔耽碑見本書碑目碑後字見洪适隸釋云有子得述父之句則是孔君自作壽藏而厥子刊石據此則碑後字亦刻於同時也

秦頡碑 中平三年

按隸釋作南陽太守秦頡碑

陳度碑 中平四年

小黃門譙敏碑 中平四年

趙相劉衡碑 中平四年

巴郡太守張府君功德敘 中平五年

按隸釋作巴郡太守張納功德敘

張納碑陰

陳仲弓碑 中平五年

陳仲弓壇碑

按陳仲弓壇碑見趙明誠金石錄隸釋作太邱長陳寔壇碑兩書皆不著年月姑附於陳仲弓碑之後

圉令趙君碑 獻帝初平元年

周公禮殿記 初平五年

按隸釋作益州太守高眹修周公禮殿記云獻帝初平五年正月朔已改元興平矣此碑書九月事尚用初平者天下方亂道路擁隔置郵到蜀稽晚也

巴郡太守樊君碑 建安十年

按隸釋作巴郡太守樊敏碑

高頤碑 建安十四年

按隸釋作益州太守高頤碑

高頤闕碑 建安十四年

按高頤二闕隸釋不著年月婁機漢隸字原云

建安十四年立

綏民尉熊君碑 建安二十一年

按隸釋作綏民校尉熊君碑

戚伯著碑 以下漢刻無年代可攷

按隸釋云世祖建武三年章帝章和元年威宗
建和元年獻帝建安十二年皆丁亥也碑有太
歲丁亥字當是建武或章和年所刻者

麟鳳碑

按隸釋所載有二碑一無年月一爲永建元年
立像下有贊碑陰記文共百有餘字本書所載
祗一麒字不知何碑

太尉楊震碑

太尉楊震碑陰

按漢隸字原碑目震以延光三年卒此碑乃震孫沛相統門人陳熾等所立蓋在建寧以後也

執金吾丞武榮碑

按漢隸字原碑目碑云遭威帝大憂戚哀隕而亡當在靈帝時也或云在建寧時其說不可信

董恢闕

按當作不其令董恢闕隸釋云恢孝靈時人

衷良碑

按隸釋作國三老衷良碑云良以順帝永建六年卒其孫衛尉滂立此石滂以光和年爲相其作九卿當在靈帝之初

許戓夫人碑

按漢隸字原司農劉夫人碑漢太尉許彧之室也碑之立在光和之前吳處厚青箱雜記作許馘隸續亦作許馘云范紀光和四年馘以衛尉代劉寬爲太尉漢書馘字作馘或碑文彧字乃馘字之省文耳然碑石已亡無從攷證

銅雀瓦銘

銅臺瓦銘

按魏武帝作銅雀臺在建安十五年本書銅雀瓦載一安字銅臺瓦載一建字疑是建安時物或銅臺瓦銘銅字下脫一雀字耳

酸棗令劉熊碑

酸棗令劉熊碑陰

浚儀令衡立碑

光禄勳劉曜碑

荆州從事苑鎮碑

富春丞張君碑

司空殘碑

魯相謁孔子廟碑

按隸釋作魯相謁孔廟殘碑

相府小史夏堪碑

督郵斑碑

費汎碑

按隸釋作梁相費汎碑

任君殘碑陰

楊宗墓道碑

按趙明誠金石錄作益州太守楊宗墓闕銘

四老神祚机碑 祚當作胙

按隸釋作四老神坐祚机碑

中山相薛君碑

按隸續云漢故益州刺史中山相薛君巴郡太守宗正卿成平侯劉君碑碑文有祭死者及薛劉征討字殆是紀述平寇之事趙氏誤以爲墓刻故云古無兩人共立一碑

金鄉長薛君碑

按金石録作金鄉長薛君頌

楊著碑

按隸釋作高陽令楊著碑

楊著碑陰

唐公房碑

按當作仙人唐公房碑

唐公房碑陰

處士嚴發碑

嚴發殘碑

金恭碑

金恭闕

按隷釋作處士金恭闕

龎公神道

按即隷續所載涪陵太守龎厷神道公疑厷字之誤也

中部碑

張君墓道碑

按隸釋作清河相張君墓道

是邦雄傑碑

郎中郭君碑

韋氏神道碑

仲秋下旬碑

汝南令碑

按即隸續所載汝南上蔡令神道

高直闕碑

益州城埧碑

司馬孟臺神道

按隸釋作上庸長司馬孟臺神道

應酬題名碑

按隸釋作故吏應酬殘題名

征南劉君神道

按隸續作征南將軍劉君神道

司馬季德碑

按隸續作防東尉司馬季德碑

宋恩等題名碑

按隸釋作學師宋恩等題名云歐陽公以爲漢

文翁學生題名非也

蘇衡等題名碑

按隸釋作平原東郡門生蘇衡等題名

宗季方題名碑

按隸續作龍門禹廟宗季方題名

詔賜功臣家字

公乘伯喬題名

李翊夫人碑

張元題名碑

按疑即漢隸字原所載張元殘碑

劉君碑

巴相碑

永陽高君碑

孔廟後碑題名

無名碑題名

豆觴碑陰

斜谷典匠題名

按以上七碑歐陽修集古録歐陽棐集古目録

趙明誠金石録洪适隸釋隸續婁機漢隸字原

漢隸分韻皆不著録

漢鏡銘

按即隸續所載騶氏鏡銘

漢甎銘

器物銘

按宋人以銅器拓本勒石彙爲一帙題曰器物銘見金石錄本書所載即此帖也

魏大饗碑 魏文帝延康元年

魏尊號奏碑 延康元年

按隸釋作魏公卿上尊號奏

魏受禪表 黃初元年

魏修孔子廟碑 黃初元年

横海呂將軍碑 黃初二年

按隸釋作横海將軍呂君碑

魏修老子廟詔 黃初三年

按隸續作魏下豫州刺史修老子廟詔

魏大饗記殘碑 黄初三年

范式碑 明帝青龍三年

太僕荀君碑 廢帝正始五年

太僕荀君碑陰

膠水令王君廟門碑 以下魏刻無年代可攷

按隸續作膠東令王君廟門斷碑碑文云黄初

中卒

甄后識坐函
按隷續作甄皇后識坐版函云此乃明帝時所刻者

石經左傳
按隷續作三體石經左傳遺字云刻於正始中

郭輔碑
按隷釋作先生郭輔碑碑無年月時代歐陽以

爲漢趙以爲魏晉今碑有兩昭字晉人所諱疑
此是魏刻

趙相雍府君闕碑
按隸釋云漢故趙國相雝府君之闕全類魏晉
間所書劉備及劉淵國中所刻碑亦題爲漢存
於今如車騎將軍闕成獻王碑是也

梁休碑

按隸續作司徒掾梁休碑碑錄云建安二十七年立此黃武前一年也豈吳人尚用漢歷乎否則誤字也

北嶽祠堂頌 晉武帝泰始六年

右將軍鄭烈碑 太康四年

張平子碑 穆帝永和四年

按水經注及隸釋皆不著年代惟漢隸字原云

永和四年立

按殘本碑目首行云漢碑年號見本碑一百七十七令祇有一百六十種缺十七種取本書中所引之碑有年代而碑目缺者自冀州郭從事碑至綏民尉熊君碑共一十七種適符一百七十七之數蓋仿趙明誠金石錄例漢碑有年代者爲一類無年代者爲一類今將所引碑目合

漢魏晉都爲一卷統計二百六十一種存於今
者王稚子闕北海相景君碑景君碑陰長史武
班碑楊君斜谷碑武梁祠堂畫像孔廟置守廟
百石孔龢碑孔謙碣韓勑造孔廟禮器碑禮器
碑陰鄭固碑孔宙碑孔宙碑陰竹邑侯張壽碑
衛尉衡方碑史晨祠孔廟銘史晨饗孔廟後碑
李翕西狹頌李翕黽池五瑞碑呂國等題名博

陵太守孔彪碑孔彪碑陰李翕析里橋郙閣頌
魯峻碑魯峻碑陰司隸校尉楊淮碑溧陽長潘
校官碑蔡邕石經尚書石經魯詩石經儀禮石
經論語石經公羊白石神君碑尉氏令鄭君碑
鄭君碑陰圉令趙君碑麟鳳碑執金吾丞武榮
碑仙人唐公房碑公乘伯喬題名騶氏鏡銘魏
大饗碑魏公卿上尊號奏受禪碑修孔子廟碑

范式碑膠東令王君石闕四十七通石已亡而重刻者桐栢淮源廟碑淳于長夏承碑成陽靈臺碑靈臺碑陰四通石已亡而有舊拓本者西嶽華山廟碑婁壽碑婁壽碑陰幽州刺史朱龜碑小黃門譙敏碑巴郡太守樊敏碑酸棗令劉熊碑七通自南宋迄今僅四百餘年而古刻之存於世者較劉球所見之本已不及四分之一

墨寶貞珉日就湮沒毋怪歐趙洪婁諸公之惓
惓於此也

秣陵陶士立慎齋摹　上元柏志高刊

隸韻攷證卷上

大興　翁方綱

上平聲

一東

韓勑碑陰東字頂上一點不至如此太斜中間左直之起處不如此太曲下二筆非如此圓注

婁壽碑蓬字右上小捺不如此出波尖凡一字之內上下有似右捺放出者皆無上下二筆同用出波之

理此書内類此者不可枚舉今略言其一二而已其餘可類推耳

費鳳碑逢字右上廿頭連下夂之起二筆以婁氏字原證之知劉氏此刻原本初不誤也葢重刻時鐫工之失

史晨祠孔廟銘蒙字内小横之上無此二小直筆不知何由多出

稯字下辛李造橋碑靈臺碑凡二字攷此二碑皆日

稷曰稷即日昃也此乃誤以爲平聲祖紅切謬矣此

條一楷二隸皆删

景君碑忠字下内一點非内向

鄭固碑忠字前後再見其前一忠字上是方口其後

一忠字是圓圈用篆勢此碑之字每以篆法參入隸

也劉氏此刻專取其後用篆勢者不必改方口亦可

愚謂漢碑中有一字前後數見者如有異勢自應並載之以俟學者採擇但婁氏字原沿

其圓勢而誤爲斜角之形則謬矣至近日顧氏隸辨

則專採其前方口者此碑後半中段久湮至乾隆四十三年始出土則顧南原未之見耳

婁氏武梁祠畫像碑祝誦氏以誦爲融按史氏學齋佔畢以祝誦爲沮誦與洪釋之說不同婁氏即据洪釋亦止以資攷異可耳豈宜竟以誦爲融乎附識於此

三鍾

孔宙碑恭字下小左點作向右迴彎右二點向左迴

彎不知此書何以忽誤作兩邊四個圓圈之形以致
婁氏字原亦沿之此書之謬莫有甚於此者
魏大饗碑匈字此書謂即㑒不知此碑云匈奴單于
豈得誤爲㑒乎此條應删
孔宙碑靡字内邕巛下誤多一横口下弓誤作号
婁氏字原蹤字引郙仲奇碑魯峻碑皆以縱爲蹤
而援漢書蕭何傳發縱指示句不知蕭何傳顔師
古注已駁正矣豈其讀漢書而不知顔注耶二碑

以縱爲蹤固不必疑而蕭何傳所不當引姑附記
於此

五支

鄭烈碑馳字婁氏字原右邊也上左筆起處另自一小撇不與下長彎相連此可以證劉刻之誤也劉刻蓋本不誤其上起處似一小撇甚微轉嫌婁刻過於故長耳然劉本今已被工匠重鐫竟似與長彎連下矣若非字原竟莫之省也字原亦竟有裨益處

字原云孫叔敖碑技即祇字集韻音示蓋借用按
孫碑見技首蛇爾雅枳首蛇謂有兩首技不端也
此條因集韻而謂技即祇字集韻同音之字此類
甚多豈可牽合謂即祇字乎附記於此
字原李翊夫人碑虧即戲字按李翊夫人碑於戲
夫人不當入支韻戲字下也附記於此
隨字條下婁氏字原增入隋字云殽阮君神祠碑
其祀隋廢集韻隨文帝省隨之辶以爲代號而史

傳已多假借用此字按殽阬神祠碑自是隳廢之隳非隨也不當誤引又按婁氏字原每條下多沿劉氏此書爲之或又增數字於後有沿而誤者有增而誤者今皆附記於此

六脂

史晨祠孔廟銘雖字顧氏隸辨改正字原之誤似有所見然字原因劉刻而致誤耳此碑雖字左半正在石泐處存攷可矣

梨至犂凡楷書四條隸六字皆應在十二齊部内黎字之下

婁壽碑徲字即栖遲之遲又作遟遟又作迡迡又作徲也不應特出徲字信此刻是坊賈輩所為耳

校官碑畀字借作俾字當入俾字下非尊畀畀字也或謂是畀字亦非

禮器碑彊字右半内下双其上彎折處稍多出

武梁祠像碑祇右邊中横之末上有小點而其末筆

不如此放長波此書內凡遇此碑字多失在放尖太過此碑本漢隷之極細者故不甚有出波之地

王純碑麋是糜字不應入糜下此洪文惠所已言者

七之

孔宙碑熙字左邊內下一轉筆誤橫穿內右邊已中間開口處誤多向上半直

婁壽碑嶷字下半左矣右疋皆誤

八微

楊淮碑⿺辶歸字左日之上誤多一橫畫

九魚

楊君斜谷碑於字數見其作於者上一點與下半長彎不連其作才者亦與後人楷勢不同此所摹竟似後人楷書矣

唐公房碑居字下口是方非圓石本極明白不知何以致誤字原改正是

禮器碑胥字中間橫畫之上誤多出一小直

武梁畫像碑初字左衣之内原石是一小直其末微帶起似橫而非橫亦非另起也此作中間另出一小橫筆失之字原亦沿此誤

十虞

魯峻碑娱字右口之上左右皆無穿過頂上之筆此誤

石經尚書無字左頂一撇竟作後人楷勢矣石經尚書拓本固無全帙以予所見洪範無有淫朋實不如

此乢未可据

魯峻碑毋字此採入毋字下按魯峻碑未有禁止詞之毋字也此是遭母喪之母字不應謬誤至此

魯峻碑偄字右下廾是穿上之筆此摹誤

十一模

孔宙碑陰盧字頂上直筆微有欲穿下意方合虍頭之勢此摹竟不穿下葢南宋時榷場北碑已不能盡得精拓矣

尉氏令鄭君碑呱字此碑在隸續第十九卷弱睽孤句是孤無呱字劉氏此刻必不能出於洪氏所見之外也此碑下半原在土中昔張力臣撰濟州碑考嘗歎此碑下半湮霾無由出土今方綱力勸黃秋盦與州牧劉君謀之竟升扶全碑矣實不見有此字存疑可耳

十四皆

夏承碑皆字左上匕之起處誤多一折婁氏字原又

因而誤爲另多一筆則謬之甚者矣

十六咍

孔廟置卒史碑來字中二人原石並不出波此直誤作楷勢

鄭固碑褢字石無此字洪釋已無此亦存疑可矣

戚伯著碑𦍒字右下多出一筆必非無因也而此碑今無拓本婁氏字原又微異愚詳考之如史晨饗孔廟碑材字此書所未收今以精拓本諦審之其右下

一筆作自左而右之勢而其再下又有一小筆亦作自左而右掠之勢即以此書所載郭究碑其右邊第二橫畫亦是自左而右視字原爲可据其下亦又有一小筆亦是自左而右之掠勢非直下之點也以此推之則戚伯著碑右下多出一小筆亦是右掠之勢戚碑字多奇異或劉韻爲得其實耳

此部內婁氏字原哉字重出兩個七十二皆夏承碑也而又皆誤附記於此

十七真

戚伯著碑仁字左邊人旁作雙直葢篆書之勢似作二直而非二直也此豈得泥以爲一撇下二直乎即如夏承碑仁字用篆勢亦似二直而非二直也敬告學隸書者如必欲依此勢則寧從篆勢爲之而勿援据戚伯著碑則不至於啟妄作之流弊矣

魯峻碑民字上コ之下橫右內垂注而下與中橫起處相連而未嘗又穿出中橫之下也其中橫之右末

靠上處有一小點此皆失之

武梁畫像碑鄰字左上坐此摹失

十八諄

楊君斜谷碑春字下日因讓出右捺所以上斜而下仍平也此摹竟作半邊斜圓失之矣字原沿此而更失

鄭固碑逡字此字正在今石泐處此所摹猶可借以想見之也字原沿此而以中間穿下之筆分爲二層

誤矣

二十文

唐公房碑雲字下厶不如此太欹斜

夏承碑薰字即策勳之勳宜採入下條勳字内非薰字也字原入勳字下是

武梁畫像碑勳字左頂無點非也原石左上有點

二十二元

卒史碑元字上第二横右不出波

二十三竈

魯峻碑温字作溫此摹右上作口誤

孟郁脩堯廟碑乾坤坤字作巛與婁氏字原左丿末

向外者不同按洪釋云此字與頼川字相類然即今

所存衡方碑此二字同在一石而川作川巛作巛未

嘗相混也此字當以劉韻作巛為正

景君碑乘字下左丰上出頭而此直之下半向外微

彎右下內多一小筆此皆失之

二十五寒

楊君斜谷碑韓字右半韦此摹於其下ㄱ失在右内轉下多一小直耳字原沿此則更加誤

楊君斜谷碑殘字此摹每筆皆出尖鋒謬甚大約此碑筆勢通體瘦勁皆以不出尖鋒爲正此摹本之失

夏承碑彈字左弓之上彎是二筆而此誤連作一筆其下彎之下起處是一筆折過之勢而此作另起皆失之此原刻之誤

武梁畫像碑蘭字內外橫畫皆不出波大約此書於漢隸不應出波處率多誤爲出波也此摹本之失

二十六歡

蔣君碑寬字以分隸之勢論之心字末筆似不得上捲內挑也所以字原此內心字改作橫波與他處隸法心字相似然若果如此則又是一字內上下皆出波矣恐未可執一以論也寧以劉刻爲是○平都侯相蔣君碑豈可刪去相字竟云平都侯蔣君乎故吾

謂此刻是南宋坊賈所爲耳

魯峻碑官字内下之末横稍誤長出一毫非其原勢

石經論語端字宋拓本攻乎異端端字右下微誤

二十七刪

史晨祠孔廟銘刪字左半何以致此攲斜昔莆陽方伯模爲陸放翁親視裝治漢隸十四卷無一字差誤所謂無一字差誤者足知南宋時北碑隔遠其裝褾時紙痕揉溼不免有失真之處也偶有差誤莫之能

正即如劉韻此史晨碑删字必是所見裝治紙痕之失也而婁氏小史直据此以摹入字原左半欹斜遂更加甚安得不細論之

郙閣頌還字此字原石正在泐處此爲可寶顧氏隸辨特就今所見重刻本採之所以致誤耳

魯峻碑還字此字右上半正在石泐處此刻足以資考

二十八山

漢隸如戚伯著碑吳仲山碑羊竇道碑之類體皆奇異若果其拓本見存則學者必詳觀慎取勿戾於正斯亦可矣今其拓本不存僅据輯隸者傳摹之影從而爭效之未有不啟流弊者也如山字劉韻採周憬功勳銘中直無改而左右二直皆末尖向右或在原碑寓參差矯變之勢學者亦當知所慎擇而今遽就後人所摹以爲隸體有如此者則何以處前所論孔宙碑恭字史晨碑刪字乎往時在詹事廨一同官學

隷者寫山字其中直起處作兩大開之勢其傍又多出兩大開之斜筆歸而檢婁氏字原果有所採第四十九表良碑山字如此然驗之洪釋板本其上岐開之二筆未必至如此之寬出也且即使表良碑山字有此奇異而撰集之家於此等字存而勿質又何害乎

下平聲

一先

卒史碑先字上橫筆左邊起處略有上出之勢非另作一筆並失之

王稚子闕先字左上起處與左下一筆皆摹誤字原沿而加甚

史晨祠孔廟銘千字上一筆自右而左與今楷書同勢石有泐痕恰在此處拓本竟似一橫畫以致劉韻誤摹如此足見此一微泐痕南宋時已然矣字原乃改爲自左而右以合於隸勢而豈知此處實不如此

武梁畫像碑千字頂上一筆亦是自右而左婁氏似知欲改而仍誤何也豈南宋時北方之碑精拓本難得如此乎

楊淮碑年字頂上一折直下此作二筆誤

魯峻碑謁字左上三筆斜逆掠過此摹太短則非其勢矣蓋亦拓本失真之故

二僊

華山廟碑延字右上太方末筆起處原石與左下筆

接連此誤離開

鄭固碑延字左下之末不如此出尖

鄭固碑焉字石泐諦審下半尚露右點亦活筆不似

上三點之圓也此在碑下截久已殘失雍正六年始

出土知者甚少

校官碑乹字右上非一圓點亦非有一小横乃是斜

拂小筆連下也

禮器碑乹字右上是𠄌非人

虔字下採楊君斜谷碑更字按此是更非虔此誤作
虔字
樊敏碑窔字洪釋云即究字此誤作穿宜刪
武梁畫像碑顓此誤爲顓宜改正
先部内字原載孔宙碑六以爲天字按孔宙碑自
有天字反置不採乃取此字此是於六時靡句六
即變也訛謬極矣又賢字條下引校官碑臤字謂
與劉熊碑崔鳴一震皆蒙上文故賢鶴从省此不

知何人謬說乃誤採之附記於此

三蕭

唐公房碑堯字此在碑之第一行正今石泐闕處此字足以資考

鵰字下字原尉氏令鄭君碑鵃字與鵰同按此字尚宜再考未可遽執爲定說也附記於此

四宵

韓勑碑陰瑨字此摹右下橫内無二小直筆今世所

傳拓本此處亦皆無此二小直筆然予所藏宋拓舊本此右下大横之下實有二小筆不意劉氏在南宋時亦已不見精拓以致如此

蔣君碑撟字非橋也應入上聲矯字

字原昭字下云嚴訢碑去斯照照義作昭按此非借用義作昭也唐以前人書昭明之昭字皆下有四點其映照之照讀去聲者則下無四點所以杜詩才兼鮑昭愁絕倒是無四點鮑明遠之名作昭

而讀去聲也黃庭經照照則是有四點讀平聲也
嚴訢碑照照正是漢人書昭昭之昭豈得云義作
哉此可見南宋時已無詳考此字之原委者矣而
其書名曰字原何哉附記於此

六豪

鄭固碑啼字此字在碑之下截殘石一片久湮不出
雍正六年始出土濟寧人李鶡得之今嵌學宮之壁
此字上半已泐而下半尚可辨惟劉氏此刻足以證

之

夏承碑蒿字項上二筆非橫點乃逆注也惟宋拓乃辨之

卒史碑寑字下左撇末頓不出鋒尖此誤

魯峻碑陰毛字此所謂魯峻碑陰者即洪氏隸續所載魯峻碑陰也隸續云藏碑者以爲魯君碑陰雖無所据度其石之廣適與魯碑合碑載千丁馬呂吳誠夏侯等三百二十人爲魯君作諡此有馬丁夏侯姓

者又字體頗與魯碑相類若無可疑按南宋時北來之碑多憑傳聞之說苟非實有確据未可遽信也以今考之實非魯峻碑陰也此碑今在濟寧州聖廟二門之東壁下予嘗親到碑下碑甚高疊二桊始能手及其額乾隆壬子三月三日竊嘗手題姓名一行於碑額之空石間手拓其陰以歸與此無一字同者此洪氏隸續所載魯峻碑陰不知是何碑之陰誤附於此非予親到碑下孰辨正之

即如韓勑禮器碑兩側題名洪氏所不載婁氏字原第二百九韓勑孔林別碑兩側題名沈虞卿名爲韓勑碑兩側題名劉氏隸韻目爲韓勑碑陰而不敢定爲禮器碑陰也南宋時北碑之難得如此

夏承碑咷字右内之左邊中一小橫此誤多出上彎

九麻

魯峻碑甹字中直之上頂無向左彎出之筆此誤多出

唐公房碑爪字碑石此字已泐而黯淡中尚可想見
劉氏此刻可寶也婁氏字原複出兩個廿三而兩個
皆謬

字原載余字條下又引所謂歐雈蒙上文之說前
已辨其謬矣此條又云鏡銘竟字非蒙上文豈未
讀漢書竟寧年號乎附著於此

十陽

楊淮碑楊字右下内是三撇此處合外内凡五筆此

尚少一筆
袁良碑方字今無拓本可驗凡若此類即使非甚誤
亦寧且慎之
芒下周馬李三碑按周碑茝編李碑阸茝馬碑廹茝
此丠即艸頭字茝廹也狹也此條一楷三隸皆應歸
入聲二十陌部内非陽韻茈字也
楊淮碑將字右内無上複出之一横畫不知何以誤
多出

夏承碑傷字左人之頂横掠處其右末不出尖而此
誤出尖右中横之末出波而此反不出波
暢字一條一楷四隸皆改歸去聲
禮器碑粮字右良不如此欹斜此等之誤亦由爾日
裝褾紙壞所致説見前刪字矣
十一唐
魯峻碑前有堂構之堂後有棠棠之棠説者以爲皆
堂字也劉氏隸韻取此碑棠棠之字入棠字下又取

堂構之堂入堂字下蓋集隷爲韻自應如此不得以棠借爲堂遂轉刪其堂構字也婁氏嗜異每多收假借之體觀者必据婁氏所採而笑劉氏之拘泥吾甚不欲從婁而寧從劉矣

魯峻碑郎字左頂起處不如此過仰下内小直筆與下横不連

楊淮碑郎字左上一筆却是大彎自右垂其下無小直筆此皆失之此原本之誤

孔宙碑康字中橫之左邊不如此外出魯峻碑陰康字非魯峻之碑陰不知何碑之陰也已詳前毛字下矣後不具述

鄭固碑卬字左上小橫之外不出頭此誤原本之誤

夏承碑皇字下内二小筆之左一筆亦誤出尖大約凡出尖者皆有失也此書尚可摘一二說之若婁氏字原則不勝其枚舉矣此摹本之失

十二庚

魯峻碑庚字右下正在石泐處不能因石泐遂以爲無此右下之末點也予藏極舊之精拓本諦審此處實有一點之起勢可辨想南宋時此間亦因泐痕致掩其點劉刻不深詳遂摹如此而婁氏字原因之使學者竟謂漢隸庚字末無此點不可不辨也

華山亭碑亭字按此碑末句永亭利貞此是享字非亭也不得以亭利貞相連遂誤作亭也予方謂集隸爲韻應視其字體不應盡從假借而今又謂此亭不

應作亭者正謂恐啟嗜異者之互核耳漢隸亭字豈無他碑可採而必採此乎

景君碑憉字末筆不放尖波

武梁畫像碑兵字頂上是一小撇自右而左不與左直相連此原刻之誤

夏承碑明字右月內之下小橫不如此止作一半而多空其右原本之誤

景君碑鳴字右鳥內上半是連三小橫合下一大橫

凡四筆此摹少其一筆原刻只三筆

史晨祠孔廟銘生字左頂起筆不如此太長垂下竟似楷書矣原刻微短摹本稍長

卒史碑牲字左牛上橫起頂不如此之過彎右生上橫起處則無此上出之筆此摹本之失

卒史碑瑛字右末是斜掠一點此誤作捺

楊君斜谷碑縈字上左火之靠外是二筆與其中間亦作二筆相應此原刻誤

十四清

鄭固碑旌字右下是王不出頭此摹誤

禮器碑并字上左一筆是自左而右其下二筆皆穿上出此碑并字前後再見此皆失之

婁壽碑聲字左土上短下長耳右直上留空而下小横之末左不穿出其右上横不出波其下撇另起起有向外之彎此皆不合原刻左土上短下長此摹本之失

禮器碑聲字右上不如此純方今此口之下横外末

微有石泐一線恐觀者不察以爲劉韻得其未泐時之真影則又失之故不可以不辨

孔彪碑正字凡三筆皆似後人行楷之點有出尖矣然此碑乃漢隸之最近楷勢者此字筆勢實如此並非摹誤○按正字自應入去聲雖所採桐柏廟碑前後再見亦揔以入去聲爲是

楊淮碑城字右内フ此作小横誤原刻之誤

卒史碑史晨碑誠字右内フ之肩皆穿過末一長筆

此皆失之史碑右末長筆收處尖波竟作楷勢則大誤原刻之誤

武梁畫像碑令字左右無波下亦無此斜波

史晨婁壽二碑營字中冖上皆無此點

十五青

孔彪碑冥字下大之撇與後人楷勢無異愚嘗謂此碑是隸中之楷也此反摹誤

孔宙碑銘字左上内一小筆亦非出波摹本之誤

史晨碑廷字右上小筆末不出尖左邊中間凡作兩個向內迴折之筆其第二個迴折另自爲一筆第二迴折之下末長出左外一分許不與上下相連而左頂之橫點自左而右却有向內微出之尖此皆失之

王稚子闕靈字中間一橫與下亚之上橫相齊不如此太短其內二小筆則是對挑二點非二直也

魯峻碑齡字左上止之末橫不與下直相連其止上內右是向左一點亦非小橫原刻之失

卒史碑經字糸旁上第二筆此摹出外太尖不成字勢矣此書後第十卷入聲二十六緝内給字糸旁亦有此失不另具說

史晨碑經字左下小直太過

十六蒸

武梁畫像碑繩字末不出波

史晨碑稱字右三點非圓也其下二横相齊何以上横有出波乎

孔宙碑稱字左上一筆是逆非順右上一筆及三小點皆向右作波而此反不出波

魯峻碑陵字右上第三橫無出波此誤作波

十七登

史晨碑增字今石已泐以舊時精拓本驗之其左內點非圓右上二筆非尖此摹本之失

十八尤

韓勑碑陰郵字左下不如此太圓竟成篆勢矣漢隸

諸碑惟鄭固碑字有帶篆勢者韓勑碑則惟盛下皿
字微寓篆勢餘字無此不得使學者謂韓勑碑郙字
有篆勢也
卒史碑牛字起處一小筆不如此垂下
婁壽碑攸字右上橫不與左內一直相牽此誤
史晨碑脩字右邊第二橫畫是平非斜
王稚子闕州字中直之末亦向左彎出此誤作直
孔彪碑彪字左下一撇不出尖此誤出尖而又太短

十九侯

王純碑謀字言旁六横畫皆斜右高左下婁氏字原亦依此宋槧本不誤而毛氏汲古閣重刻字原六畫皆平其失如此姑舉一以見其概

二十一侵

卒史碑壬字雖不誤然此碑壬寅字凡三見其第一壬字中横長出其後二壬字乃三畫相竝而末横亦與上二横等是以與王不同也今不用其前一壬字

專用其後二字而又将下一橫過於長出則直成王字矣愚所以説凡碑内一字數見者如略無小異則止採其一如稍異則宜分析著之劉氏此書竟不知於卷前別撰凡例耳

夏承碑臨字左臣内鈌其コ之右邊小直此字正在華東沙所藏宋拓本闕三十字之内以吴山夫所見舊碑補之則此臣旁中コ實有此直也後又從一友處見舊拓本乃此臣旁竟無此右邊小直前九魚部

内除字左阝内二小彎之下多出一點此舊拓本亦與相同是則足以資攷異者此二處必非漢碑所有然既有一舊拓可證則其沿自何時不可遽詳姑記於此但學隸書者不得援此以增新耳婁氏字原亦沿此

武梁像碑陰字右上筆無出波

二十二覃

孫根碑髧字婁氏字原收入耽字下按字原以覘爲

耽字竹邑相張君碑覘覘字與虎視連文收入耽字自可耳若孫根碑覤毅無所据之書亦無所据之義洪氏隸釋謂是耽字亦不著其所由遂可据以定爲耽乎。孫根碑覤毅字从龙與从見者不同洪釋不知何据謂即耽字也若易虎視耽耽是疊字亦本不與毅義相連蓋洪氏以爲虎視必是威嚴之字故與毅字連合耳然虞注下眡貌非專以威義爲訓也即王注威而不猛亦因下視意演出之不專訓威也即使兼威義亦是兩字雙疊爲文其孫根碑覤毅既非冘旁又非雙疊之訓何所据而以爲即耽字乎劉氏乃以楷書標出覤字即以孫根碑覤字收入又無別碑他條可以互證此啟學者臆斷之弊斷不可以爲訓

卒史碑南字中間二小直筆不如此穿上

二十三談

老子銘三字此碑今未見拓本不知第二横畫果如此近上遠下乎婁氏字原諸字多沿此書爲之而此第二横却不然也以篆法論則惟王字第二畫近上王（即玉）字尚不可而况三乎嘗與友人論篆或有援某印章三字中畫近上者實不知其所本得非即因劉氏此刻而相沿弗深攷耶凡事非實有所据則寧闕

之

二十四鹽

夏承碑殲字右上多出一小横而其上又誤作圓點婁氏字原亦沿此其誤固不待言矣乃婁氏之書又出一去歹旁之韱字云淳于長碑義作殲不思其上標目七十二者即夏承碑也淳于長即夏承之官此碑又無二殲字實不解其謬誤之由矣

噡字用孫叔敖碑噡字此碑噡字借作優游之游已

詳具於洪氏隸釋而劉求之知乃誤爲之廉切字此
書實出爾日坊賈輩所爲何疑乎此條一楷一隸皆
刪
楊淮碑廉字内上是左右分掠之二點其内二直下
不穿出下點之上並無此多出之橫畫此葢爾日所
拓紙墨有失而致誤
二十六嚴
孔宙碑嚴字正在今石泐處此所摹足以資攷

二十七咸

石經尚書鹹字尚書洪範石已不全此句尚可見而左半正在泐處左半不如是之濶不知左半果如是否其右上實有點而此失之

二十八銜

魯峻碑巖字内右下丂與末乂離開不連此誤連此原本之誤

隸韻攷證卷上終

隸韻攷證卷下

大興　翁方綱

上聲

二腫

史晨碑冗字勝婁氏宇原遠甚此字在碑第六行之末底年久爲石趺所偪其每行末一字不可見矣二十年前予屬曲阜孔莊谷設法架起全碑乃得精拓一二紙今又在石趺之内無人知矣此摹不誤其中

間橫過之一筆微嫵太彎耳婁氏字原既沿誤而毛氏重刻本猶妄作古筆杈枒之勢以炫人尤可笑也卒史碑奉字不誤然既摹其隸則不得不細講者此碑奉字舉字內下二小橫畫皆不放平所以得篆意也魯峻碑奏字亦如此今劉刻上一小橫左邊雖微短少許而已不能存此意矣字原更失之

四紙

卒史碑豕字上第二畫右不出波

景君碑璽字上三點非如此圓
禮器碑紫字再見上極華紫紫字中間大垂彎筆內
作方折上合紫臺紫字上內小點是自左而右非自
右而左其糸下紐中間斷住有略空意此皆隸法所
必講者此摹但艸艸耳
五旨
史晨碑死字上橫非如此偏左
孔宙碑簋字艮之下橫右無出波

六止

魯峻碑止字右内一筆是帶迴彎又似斜掠之點不如此太垂長

魯峻碑始字作看不誤然有説焉此碑凡女旁左邊第二大彎之頂起處多一小彎此篆勢也此始字則左女第二大彎其起處向上頓勢稍輕年久拓本不可得見即其第一彎之下脚亦沈頓有似微彎者講隸法者所當知也今此書於此碑女旁之字皆所不

採而獨採此字又焉能悉其所以然則於隸何裨乎
魯峻碑仕字右内只一小撇自右而左非分開左右
二筆
孔宙碑仕字右内二小筆居中此太靠上
鄭固碑子字上圓用篆非方也
夏承碑矣字與華東沙家所藏宋拓本微有不同此
碑華氏真賞齋宋本最精予嘗手自摹出絲毫不差
今已重勒於廣平郡治重建愛古軒以覆之矣吳山

夫雙鉤本亦出於此將來必有据宋本以疑劉韻此字者然劉氏此摹與成化本上半真拓相同非無因也成化本與嘉靖本之同異原委知者罕矣此可資攷

衡方碑崋廟碑二起字左半皆無敧斜之勢不知何以致誤也崋碑此字右已末有小點此失之

八語

楊君斜谷碑序字內下一筆似連下而非連下此摹

作一筆誤然其誤有因此間恰在石泐處也亦可見

斜谷厓間𠀤泐痕南宋時已如此

鄭固碑所字上大横與左邊垂下之筆雖若相連實

是二筆𠀤竟作圓折而下誤也此碑間有用篆勢處

而此字則不然

武梁畫像碑楚字前後再見皆不如此實是誤摹𠀤

碑在南宋時已屢有翻本

韓勑碑陰吕字中無小直而其下右肩不離開此皆

失之

九麌

孔宙碑禹字上頂小筆起處與中直之頂相際不如此出右外

禮器碑宇字上點不如此太偏右

史晨碑脯字右橫上末有點今日因石膚磨淺稍不精之拓本即不能見此點矣乃南宋時已有此失邪

甫上直穿出却是斜向左勢此篆意也而宋時已忽

之
景君碑武字右上末正在石泐處非無點也不得執
此所摹誤以爲武字右上無點
魯峻碑陰武字非魯峻碑陰已詳前條
武梁畫像取字非是大約此碑字極小難摹耳
十姚
夏承碑簿字内右甫頂原石因接上中之小直所以
似不出頭也今此摹既微移開與上右中之直不相

承而却不出頭則失之
卒史碑魯字上半不如此欹斜
張納功德叙股是股即盤字也此誤作股
楊君斜谷碑午字上項一點略偏左有斜注勢非圓
點
十一薺
夏堪碑洗字右下左出一撇不與上連字原沿此而
更輕細耳然却可資證

楊君斜谷碑詆字是姓氏之氏非詆字也此誤作詆此一條刪去
史晨碑稽字右上横畫是自左而右末上加點此摹失

十二蟹

帝堯碑解字右半摹失字原可略證之

十五海

石經論語改字右上不應出波

劉熊碑采字今宋拓殘本此字尚明白中間一横較上更短而右無出波上三點不如此圓

魯峻碑乃字左上石泐然左邊是二筆非連下也

十六軫

石經論語敏字右上無出波

孔宙碑畝字是畝畝之畝劉誤作敏此洪氏所已糾正者而婁氏字原尚沿此採入敏字下劉書出於坊賈輩轉不足責而婁氏乃尊信洪說者何以茫無別

擇至此

十八吻

孔彪碑憤字左旁右内之小筆似帶斜挑而非小横此失之

十九隱

卒史碑謹字兩見其右上廿一連一斷自以連爲正而此反取其斷者

羊竇道碑近字婁氏字原左上有點洪釋板本亦有

點此獨無點此碑字多奇怪未見拓本然寧慎之

二十阮

魯峻碑遠字不誤婁改之非也景君碑遠字則左上一點尚是右内之下二小筆及左下收處劉刻皆誤婁改更非惟羊竇道碑右内下三筆當依劉而左上加一折當依婁也樊毅復民租碑令不可見劉與婁皆當參之

二十八獮

五瑞碑黽字下右肩不如此離作二筆

樊毅脩華嶽碑辨字未必是此辨字字原沿此亦未然

景君碑辨字上二點皆似横掠之筆此所摹右一點竟成楷書矣中間一直之下半却不甚迆斜而兩旁二大直皆齊長其左一大直末微帶斜勢此皆失之

曹騰碑陰遣字今不可見然凡遇一字右末上下二層皆出波者皆宜慎之

楊君斜谷碑右辵是上三筆下一筆帶收此作上四筆而下筆另收失之

王純碑兖字不當採入即使其原是借用正復何必載之此等處顧氏隸辨勝於婁氏字原遠矣

韓勑碑陰兖字上項及中紐左右四點全失之（摹本誤）

二十九篠

楊君斜谷碑曉字左日却是敧斜左長右短如半邊形此失之（原本微斜摹手不善體會）

三十一巧

魯峻碑卯字左外一筆失其方矩原本起筆凝注而起此摹本之失

鄭固碑爪字在今石泐處賴此刻猶得以想其意不爲無補婁氏字原沿此而太過耳顧氏隸辨則不辨所由而但執隸釋板本以議之更爲疏舛

三十二皓

鄭固碑考字上半已泐而尚見下半是丂也想南宋時此石已有泐痕而劉氏不詳審以致此誤

孔宙碑道字左上是自右而左之三筆非三點此失之原本之誤

三十五馬

景君碑假字內左半直下之末橫直皆有出頭此皆失之原本之誤

三十六養

史晨碑養字右上小捺視原本太短太輕微

景君碑像字左人起筆尚微多一小折右末一筆是

直垂下無出波此皆失之原拓本之誤

唐扶頌掌字是牽非掌也此誤作掌字後序已糾正

卒史碑罔字內亾上無小直筆因石有微泐痕正在

亾上偏右處若似其迆左一小直者而非直也今日

精拓本尚或辨之此摹之誤尚非無因若婁之字原

顧之隸辨則更失之

三十七蕩

魯峻碑廣字上右半正在石泐處其小橫是如此離

開與否宜存攷

三十八梗

史晨碑亚字是血非皿也此碑語用何休公羊傳注劉韻葢南宋書賈輩所爲所以未詳考而致誤也乃婁氏字原亦沿之

三十九耿

史晨碑耿耿二字其上一字耳旁左下微有向外翹起之意下一字左末雖有向外捲起勢然亦皆不能

過長於上橫之左外也此摹僅取其下一字而又太
放尖出外

四十靜

魯峻碑靜字右爭中間內橫不出於右外此失之
夏承碑請字右下月內一圓點誤作橫又誤作偏右

四十一迥

夏承碑並字左多一點不知其由此碑除字亦左阝
下多一點嘗於一舊摹本見之已著於前條矣此字

則未見也婁氏字原沿之又改作一圓點更奇矣大約南宋時此碑或有摹勒者不始於明成化本也愚昔撰夏承碑考獨未及於此字俟再攷之

鄭固碑鼎字下半全非

夏承碑挺字右上一筆是另起非連下是自右而左非自左而右

史晨碑挺字左手之上筆是自左而右非自右而左其中間上一點是自左而右之掠勢非順點也其第

一紐與第二紐相連而下此分作二筆誤

四十三等

孔彪碑等字中間上半一小直是穿上此誤

四十四有

孔宙碑朽字左木內點不如此放長摹本微長

夏承碑不字上横左起處微有沈頓意豈至如此另出一圓長之筆此係摹本大誤宜改正

四十五厚

巴官鐵盆銘叶字洪氏隸續謂是斤字不及此作斗之爲是此則劉韻之足以正洪氏者洪文惠乃輕量劉氏子蓋未詳審至此條耳○劉韻以此爲斗字其說所本今惟見於陳思寶刻叢編第十九卷所引此條作巴官鹽量銘疑是斗字此說是也然陳氏叢編此條其語未完下有闕失未知所引誰氏之書陳氏叢編成於宋末理宗時劉氏隸韻淳熙二年所進尚在寶刻叢編之前蓋劉氏所見乃陳思所引之原書

惜今無從考矣

四十九敢

史晨碑敢字左上内實有小直此失之即卒史碑敢字左上内此摹無一小直然卒史碑此處雖泐亦未敢信

鄭固碑敢字在中段近始出土前人多未見者其左上一筆用篆勢自内迴折至上小横又於其上内偏左處用圓直之點此點劉本誤作尖點順勢失其圓

形此下左末之横亦不放出外皆劉之摹失也顧氏隸辨乃沿婁氏婁氏字原乃沿此刻今日知有此中段出土者甚少今以精拓審定乃知是劉氏此刻之誤有以啟之

孔彪碑敢字右上一横畫不如此之彎垂

去聲

一送

鄭固碑貢字下二點之左正在石泐處此左筆誤作

楷勢知南宋時此處已泐也此摹手之失恐非石泐

孔宙碑貢字原石下二筆極分明何致誤作楷勢放尖準此以推則此刻凡波尾及點放尖處皆宜慎擇此可作發凡也

卒史碑衆字下半中直之上筆是向右非向左

韓勑碑陰仲字數見皆無右口之外下多出一點者婁氏字原亦沿此誤然婁所据劉韻蓋其初本未至訛舛如此今轉得借婁氏字原之沿此誤者證之知

此又是翻摹劉氏隸韻之再誤則字原此處又有功
於此刻矣

三用

鄭固碑奉字上直不與下直通連此摹鐫之失
史晨祠孔廟銘共字下左一筆太斜向内

四絳

武榮碑絳字左糸之下三筆是分三點此誤也右夆
之中直上有穿出而其下小轉之横不如此靠内長

出是一筆非二筆

五寘

禮器碑伎字此字洪氏隸釋以爲即暨字婁氏字原遂採入暨字下然洪釋以爲伎即暨者揣度之詞此碑云上極華紫旁伎皇代旁伎二字文義本應闕慎豈應執他處文法以旁字對上字遂謂旁伎即旁暨乎自不若劉氏仍採入伎字下爲無害耳

魯峻碑企字下末橫不如此長出作波

魯峻碑騎字左馬下彎之末有向左趯筆右上不如此出鋒

史晨碑義字下左半是王字向右作斜上形末非小撇

六至

魯峻碑諡字左上是小横非點亦非ㄱ此與婁皆誤下口非如此斜

景君碑師字右内二點雖若俯垂而不如此之垂至

地

卒史碑器字三見其中間一器字中横末有點貼緊横右之末甚明白其前後二器字皆似中横之末無點而皆切近石泐處即使前後二器字有一省去中横之末點亦當均採之以備攷不得但據其前一器字遂謂無點也

禮器碑驉字婁氏援集韻與驪通附採於驪字下按禮記文王世子注引孝經援神契州里驉於邑陸氏

釋文騹皇音冀冀及也此與孔疏慕仰義同此碑云
初學莫不騹思正是慕仰之義豈得入驥字下乎劉
韻別出騹字爲是
孔宙碑懿字右下外末筆多上一橫出之小折
孔彪碑懿字右心末小點非如此圓勢
卒史碑備字右上橫之上非二點也其左似一點而
極輕其右乃是一大撇自右而左垂曳而下此作二
筆誤也下用之中直微有透上之意半透不穿出而

其上小横却不穿過中直之左此皆失之

史晨碑脩字右上却作二筆若竟似二點者其上條卒史碑則迴不如此也此猶隸書者字中一撇亦偶有似作中斷者行筆之小變耳其右中間横過一筆則是末有出波非横畫也用上出頭而下不出頭此亦失之

七志

王稚子闕侍字右下直末有趯起之筆但不縱耳

鄭固碑事字前後再見其下内一長横雖出右外有波然此横之中間與末波皆一律勁直與他字横畫之中間略輕而右末沈頓者迥别且其上口是篆勢此亦失之便非此碑事字矣

夏承碑意字下内二點與第一點相帶非如此另自起尖

卒史碑意字末二點不如此圓

禮器碑意字下三點各自起不如此一例尖

八未

衡方碑氣字内下四點其上二點是自外而内其下二點是自内而外此所摹雖下二點是向外而不肖其逆掠勢

靈臺碑氣字婁氏字原沿此雖顧氏隸辨据洪釋駁之然此碑今不存劉刻尚足資攷顧南原未見劉氏此刻所以不知字原所本耳

九御

孔彪碑御字中間下匕内止一點此誤作二點
楊淮碑御字中間下半忽出一斜左似撇之筆實是
石泐裂紋非字畫所有也今以精拓驗之乃知是宋
時已有此泐痕以致婁氏沿誤
景君碑犨字上半中間上一直彎從右垂下而其下
小勒筆復從下ㄥ自左而右非上直斜垂向左與下
勒連作一筆也婁沿此益謬

十遇

武梁畫像碑赴字左邊是走非辵以精拓淡墨本諦審乃得之小隸書不出波字原因而更誤

十一暮

鄭固碑訴字右大彎一筆方折非圓雖相連下其實仍是二筆但神理貫注耳豈其上横自右而左乎右下内三横畫一律齊平非下横特長出

楊君斜谷碑路字左口下非圓點

夏承碑路字左止下末尖不如此太彎向下

十二霽

景君碑涕字右上二筆是直點非左右波

卒史碑第字不獨次橫穿左大出即下一橫亦穿左大出其左內小直居上下二橫畫之靠內將二分許此尚未盡

韓勑碑陰弟字上第二橫左邊長出不誤但此一筆是於上橫之外上橫應帶下而却住不帶下另起自爲一筆不與上橫相連乃另從上橫末之右外特起小直乃一氣

自右而左其右肘下微頓處圓折而過他處弟字從
無此樣此未能盡
按說文弟韋束之次弟也則次弟之弟應作弟周易
第字猶作弟見陸氏釋文至玉篇弟部始另出第字
注云今爲第幾也然漢隸次第之第皆作第以艹爲
竹也此内第字下載卒史碑范式碑詳此二碑皆高
弟之字則漢器隸銘凡第幾皆書艹頭當附採於此
下也此書之次當先列弟字於前再列第字於後而

漢器物銘第幾之字亦必當詳著云
楊君斜谷碑隸字左下示之下二筆是篆勢此未合
按婁氏字原載楊淮碑以裁爲隸然楊淮碑裁特
司隸官名之裁豈得盡以概篆隸之隸乎洪文惠
續急就章隸字用繁陽令碑亦未嘗用楊淮碑裁
字也洪氏云篇莫加於類篇韻莫善於集韻所載
隸古以石刻校之攟摭尚多脫略隸法皆以慭作
慭司馬防東尉碑又省作慭稽之篇韻咸無焉聊

因論此擬急就之一章云云洪氏急就所採如咸伯著碑之類則又何嘗非取新尚異與魏晉以後字體錯出者奚所區別且既云熹平石經未嘗一字好奇則若此之類學者寧慎擇焉可矣附著於此

無極山碑迡字此碑銘云禱禳請祈應速不迡玉篇迡與遟同此與乃計切者同一字而音義迥別應入平聲不應入去聲

十三祭

鄭固碑卋字再見皆上三个十字與下一大橫各自起訖此原不須說者惟後一卋字其上十之直末與左十之橫右末此間石有泐勢恰在上直與下橫之際劉氏隸韻遂誤摹作卋竟似上直之尾與左橫之右末相連爲一筆者藉使原本果有如此之勢亦當並載其前一世字使觀者不惑也無如書賈輩嗜異轉不採其前一世字三處分畫最明白者而專採其

後一世字中有泐痕者其實隸書固無此法也以致婁氏字原沿此加誤于上十之直尾圓穿至左外又作斜尖醜惡不成字形顧氏隸辨葢亦覺其非而不知諦審原石竟莫敢是正

禮器碑世字左直之上石有斜泐痕今其泐痕已上連前一字一望而知是泐痕矣想宋時其泐痕尚輕微有似于一斜拂之勢是以此刻莫辨其爲泐痕竟摹入字内左直之上多出一折而不知者遂誤爲漢

隸世字有此形也婁氏字原因之而加甚卒史碑世字再見其下橫畫皆不如此圓彎卒史碑史晨碑制字左下彎入一筆皆無此放尖史晨碑敝字左内中間二直不如此迆斜婁氏字原尚知略爲改正

孔宙碑幣字下巾之右小彎一筆不如此掠尖

景君碑衛字中間串訛作帛蓋南宋時拓本已不分明致誤如此

十四泰

孔彪碑陰外字右直不如此迆斜

十六怪

史晨碑拜字右邊一直實不穿上此摹不誤婁氏字原改之非也

十八隊

王稚子闕内字左末無向外勢

劉熊碑誨字右半不如此作圓勢右下一筆亦不如

此穿底有尖

十九代

武梁畫像碑態字右上以非匕

景君碑陰茬字是茌平縣名之茌（漢志注茌音仕疑反）此誤作

在此條應刪去

二十二稕

鄘閣頌㲈妻壽碑㲈皆是愛字此誤作舜後序已糾

正

二十三問
校官碑訓字左上小横非偏左之半筆此鐫工之失
二十四焮
孔宙碑陰靳字左上廿之中横是連非斷
二十五願
韓勑碑陰憲心末筆起處雖似微頓不至如此長出
二十六恩
鄭固碑遁字在第四行之末此石今雖尚存上中下

三段而此字久亡其字勢不可復究劉氏所摹借以資考可矣然此乃逡巡之巡應入平聲不應入去聲婁氏字原亦沿其誤

二十八翰　・　・

景君碑陰漢字凡數見口下實皆是二橫並非三橫此何以致誤（原本之誤）

王稚子闕漢字右下實是二筆並非四點婁氏字原沿此而誤不待言矣乃婁氏又於其全書卷尾特論

王稚子闕漢字是四點且有發筆甚長之說此碑今日拓者甚少愚有精拓本又嘗見明末太倉黃翼聖知四川新都縣時於榛莽中手自剔出之舊拓本實是二筆非四點字原沿自隸韻若非今日灼知詳辨其誤何時得釋然耶

景君碑榦字右上之右捺不如此出波其右下木之二垂筆是篆勢非分開二筆右捺出波乃摹本之誤

二十九換

魯峻碑灌字左上一點是向內之逆勢非向外之順點其右上艹頭二小直是對趯之斜勢非如此板下之直惟其艹頭中間石有泐痕不遇精拓本則乍看似是中間板對直下之筆竟非隸勢殊可怪也一沿而爲婁刻再沿而爲顧刻原石日益剝損而知者益少矣

禮器碑畔字右上二點皆向左掠勢非如此相對

劉寬後碑叚是殷字非段字此誤

禮器碑亂字左上三小點不如此圓三點下之一小彎尚有其左邊半筆此失之

三十五笑

卒史碑廟字右月上頂開口處在上横之左此誤在上横之下原本之誤

三十六效

魯峻碑效字右上一横其末是趯非出波○此碑凡攴旁之字右乚皆於横尾上趯漢隸他碑之所無蓋

亦從篆勢出也然此碑日久石膚漸淺久無知此者
矣愚篋有極舊之精拓乃能辨之此從來言漢隸者
所未嘗及也○右中間一撇起處小彎是向左作彎
勢非向右也
劉熊碑宋拓殘本效字尚極明白其左下二點與下
二筆交注而下此所摹大謬其右末捺起處拓已昏
蝕遂致摹誤若此
史晨祠孔廟銘效字其左上與右上皆是中一筆直

下再分開兩邊其右上之分開兩邊則兩邊二筆之末皆似放波其左下第一小撇與第二筆起處貼緊相連其右下則是以中直轉過右半虛其左半如文形也此所摹乃全無一筆是此字者荒謬之極原刻本誤楊淮碑校字前後兩見其前一字左作扌旁所以末有向外之勢後一字作木旁則末無向外勢也此所摹既是木旁而又有向外勢則無此字矣

三十七號

禮器碑奥字頂上一小筆極圓活似歆而正此太偏左矣此字今石漸磨滅其頂筆不甚辨矣予有精拓本始辨正之

華山廟碑報字右下内圓點是裹在上小横彎之下此尚未合字原已改正

史晨碑款字左下一直徑住不如此外掠出鋒

四十禡

魏受禪表赦字左半之左外一筆並無上小彎也左

邊下内二直之頂亦無交合之橫彎右上橫亦不出

波乢皆失

史晨碑夜字上橫之上另作一點非直穿下其右邊

掠出之二筆皆沈頓不出尖

四十一漾

武梁畫像碑望字上左亾右𠙴皆略寓斜勢唐荊川

家所藏宋拓鐵題唐榻本實是如此而宋時所拓已有不

甚分明者二分許之細隸無怪摹誤

卒史碑狀字右犬末實逆折而上即右點之相連勢也今石此處雖泐尚可想見何以宋時已不得見精拓本耶若不辨明必致誤傳漢隸此右無點矣

劉熊碑鬯字原石下匕承上正中不如此偏左

四十二宕

華山亭碑亢字左下二筆可以字原考證之其上橫起處有離開之小缺勢則鐫工之失耳此原刻之誤非摹鐫之失

四十三映

禮器碑咏字左口原石直似四筆各爲頓起方見古趣其右上是小横非點此皆摹成楷書

四十五勁

卒史碑政字左内點非此圓様

魯峻碑敬字文上一横之右末特翹起作上出之小趯筆非出外波也此碑凡左文皆然已詳前條

禮器碑鏡字左金之最上右一筆乃不出波之小横捺非點也其下靠内之二點皆逆掠自左而右非自

右而左

四十六徑

禮器碑磬字曩時愚亦疑此下石內口之旁二小直未必其上高出如許或恐被人鑿添其上分許耳想宋時見拓本時亦已有此疑也所以劉韻摹此下口無其高出分許之勢婁氏字原亦沿之耳今以精拓數本諦審之實非後人增出自以定依拓本為正而此摹非也

禮器碑定字内二層之中以一斜注之筆穿下此作
二筆另起非
四十九宥
史晨碑舊字上半正在石泐處以淡墨精拓本諦審
實四點非二點
禮器碑舊字上是四點非二點
石經論語獸字愚見宋拓本鳥獸不可與同羣獸字
左内直不穿下而其右上有點此摹非是

景君碑授字右上是三點相並三點之末皆微寓向右勢此失之

五十候

武梁畫像碑後字前後數見並不如此

靈臺碑魯峻碑奏字下内二小横畫此刻雖摹未肖然尚皆不失古意葢其上一小横是斜出右微高起非板作二横也何義門尚能言之然義門未得見此刻也婁氏字原則沿此而失之

五十五豔

婁壽碑猒字左下月上横畫中間離開此必鐫工之誤

入聲

一屋

石經論語穀字今見宋拓本五穀不分穀字左内中直是穿上其右上小横與上口齊不外出波

禮器碑族字右上右一小筆乃是外捺之不出波者

非橫亦非點右下大橫不出波此皆失之

禮器碑獨字右下內虫之口下二小直開口不如此竟成口字

史晨碑復字左下是二筆其上似橫者是自右而左然後另於其下接起下筆下筆之尾不出波也其右上橫亦不出波此皆失原刻微有一橫頓住下筆另起之意摹手誤會爲一筆

魯峻碑牧字右攵上橫之末趯起非波已詳前條

史晨饗孔廟碑爾字下一橫內是從左下逆捲而上

乃從右垂下是一筆相貫非三筆分開原刻既誤摹手更失之矣

三燭•

魯峻碑足字下左筆末與下大收之起處是作一筆迴帶非另放尖

卒史碑欲字左内之左筆雖依原石而其末微失於翹起以致字原加誤

五質

孔宙碑夫是矢字非失字應改入上聲

卒史碑七字中間一小彎此作斜下尚非也其直穿下時尚不斜至末尾乃稍寓斜向右之意所以今日拓本紙墨不分明乍看竟似十字也非精拓不能知是七

禮器碑涑字右上只一筆非二筆此刻誤也字原改之而又有失

夏承碑疾字上頂之右末不如此出波

武榮碑匩字內二小筆是圓點原刻二小筆是左右向外兩趯又改加兩

點似乂
形恐謬

九迄

夏承碑物字下板本多出一小畫此鐫工之失

十月

卒史碑曰字上頂開口此失

禮器碑竭字右下多出一圓點其右上之左直不與
下彎横起處相連此失之

孔彪碑竭字右下㔾内直畫是承上曰之下先以此

直穿下到下小横之頂然後於中間之半出右邊横彎此失之

十一没

孔宙碑殁字左内有小點此失之

十四點

夏承碑察字左内大彎折處誤作二筆此摹本之失

十七薛

衡方碑泄字左上點亦自左逆入不如此尖向外

孔宙碑設字右上一筆回折入内止回折入小横之内微作重頓非又有再向上出之小直也其右中横亦不出波大抵隸書凡右半下有波者則上無波此多是後人摹失

十八藥

魯峻碑⿰女樂字此碑令德孔⿰女樂隸釋云鑠易从女然此碑㬇旳皆易火爲日詳審此字左母即从日之或體所以即是鑠字也此刻既以旳入灼字則自不應另

出女旁之字矣

十九鐸

鄭固碑幙字洪釋即模字此誤作幕

耿氏鐙作字左上是逆筆此誤

孔宙碑酢字右半今在石泐處昔嘗與友讀碑至此友人輒舉說文酬醋字酉旁从昔此碑正泐其半或漢隸作醋乎愚無以應之也今見劉刻是酢字實與儀禮作酢相合不必援說文謂漢隸从昔也周禮春

官司尊彝宋嘉祐石經篆用醋字自是篆書依說文也孔宙此碑在延嘉七年在鄭康成注禮經之前則漢時酬酢从乍固不必援鄭注儀禮之酢字矣然而近日又有攷周官者謂漢時本皆用酢字許氏說文特互易之鄭康成生於許祭酒書成之後廿九年許何爲而必互易此字此則爲鄭氏之學者必强許以就鄭又非平允之論矣言說文者自應作醋而漢隸自作酢奚以兩相牽合爲哉

鄭固碑悍字右下横末實出波而此轉不出波誤也
婁氏字原遂更致誤

二十陌

戚伯著碑令不見拓本此伯字左人作二直自必因人旁篆似裏外二重皆作直下而上以横彎貫之雖隸勢上類撇而其近内一直之頂何至相離若是之遠竟似另起一直筆者戚碑怪異正在學者善會耳
禮器碑宅字内上一小撇是自左而右逆掠不甚出

尖非自右而左

孫叔敖碑罩字婁云去水从省然却非自此碑始也

九臯即九澤馬伏波傳已有四下羊語

二十二昔

魯峻碑昔字上半石泐正可存攷

景君碑積字左上一小筆是自左而右之逆筆非自右而左

史晨祠孔廟銘盉字上半石泐此刻足以資攷

史晨碑壁字右下直穿上此失之

二十三錫

魏石經左傳錫字即洪氏隸續所稱王文康家殘拓本内有一字而三體不具者此錫字止有隸而無篆是其一也劉氏遂專錄此字其右下竟同楷書乎如執此以定魏石經錫字如此則未敢信

哲字應在十七薛旨熱切此字从才从日不與二十三錫之晳从木从白相同易明辨晳也書洪範曰晳時燠

若皆即此字即以此下所採魏受禪碑皇符照晰照晰即昭朗之義照非照燭字也今人誤用昭晰無疑讀作析音與晢相混其來久矣廣韻此二字音義迥殊豈意在宋時雖婁彥發之精研字學亦沿劉氏此刻收入錫部尚奚以攷韻攷隸爲哉

石經尚書廸字左上是二點此失其上一點

二十四職

石經魯詩與史晨碑食字右上筆皆不出波此誤

石經論語子夏問孝章今尚明白色字內有一小筆此失之

二十六緝

濕字下所採四碑孔從事碑今不可見惟孫叔敖碑下濕是此部之濕也蘇衡等題名碑及韓勑碑陰皆云平原濕陰攷漢書地理志平原郡漯陰縣師古曰漯音它合反此地名漯字漢人隸書皆寫作濕即後幅二十七合之漯字也非燥濕之濕

景君碑立字上二筆左右皆不出波

三十二洽

華山亭碑陜字是縣名之陜不應入此部此在前第六卷所已收

隸韻攷證卷下終

隸韻後序

昔宋鄱陽洪文惠公篤嗜隸古取兩漢以來祠廟之碑幽堂之銘荒埏廣隧之闕與夫遺經殘石鐙鉦盆鏡之屬綜括卷軸佐證經傳次其時代先後區分類聚勒成五書曰隸釋曰隸續曰隸纂曰隸圖曰隸韻釋續久已版行纂圖韻三書均未之見學者病焉婁忠簡公漢隸字原所以補文惠之缺

也盤洲集中第有隸韻序而無其書又有書劉氏子隸韻後一篇驚其廣博迺其疏畧劉氏之書遂不為當時所重頃得宋拓隸韻墨刻十卷末有御前應奉沈亨刋七字為明餘清齋吳廷所藏華亭董宗伯定為德壽殿本援據雖未真確然紙墨精好為南宋初搨無疑書中如孔宙碑以畝作敏王純碑以糜作麋鄱陽所譏一一具在此外如荀君

碑陰以友作支校官碑以畀作畁唐扶頌以牽作掌鄐閣頌婁壽碑以爰作舜此類甚衆然其采獲之勤編次之多闡洪氏之緒餘導字原之先路自有不可盡泯者況為歷代藏弆家所廑見商邱宋文康公僅得兩卷張文敏司寇詫為創獲豈可以徵類掩其全壁哉嗣於四明范氏天一閣中復得殘本碑目一卷及劉球奏進表半篇別為一袠加

以攷證一卷附諸卷末推求原委以廣見聞長白
厚菴先生謂此書自宋南渡以來幾數百年晦而
復顯待人以傳爰墨諸版以詒海內承學之士擿
埴索塗可與婁氏參互証明由此上溯歐趙下通
復古編六書故隸辨諸書增點減畫不失古人遺
意譬夫得魚而守其筌食雞而飽其蹠亦足傳已
嘉慶十有四年己巳夏六月江都秦恩復書後